海洋文明

HELAN YU
HAIYANG WENMING

武鹏程
编著

图说海洋

世界之大，无奇不有
世界之奇，尽在海洋

海洋出版社
北京

图书在版编目（CIP）数据

荷兰与海洋文明 / 武鹏程编著. — 北京：海洋出版社，2025.1. — ISBN 978–7–5210–1384–9

Ⅰ. K563.09

中国国家版本馆CIP数据核字第2024Y6J721号

图说海洋

荷兰与海洋文明

HELAN YU HAIYANG WENMING

总 策 划：刘 斌	总 编 室：（010）62100034
责任编辑：刘 斌	网 址：www.oceanpress.com.cn
责任印制：安 淼	承 印：侨友印刷（河北）有限公司
排 版：海洋计算机图书输出中心 晓阳	版 次：2025年1月第1版
出版发行：海洋出版社	2025年1月第1次印刷
地 址：北京市海淀区大慧寺路8号	开 本：787mm×1092mm 1/16
100081	印 张：10
经 销：新华书店	字 数：180千字
发 行 部：（010）62100090	定 价：59.00元

本书如有印、装质量问题可与发行部调换

前　言

　　荷兰是个低地之国，处于欧洲大陆的中心，周围环绕着英国、法国、德国以及比利时。

　　荷兰有 80% 以上的国土都是河网密布的冲积平原，莱茵河、马斯河、斯海尔德河都在这里汇流入海，为荷兰西北部带来了丰沛的水源，同时也水多成灾。早在公元前 325 年，就有希腊探险家在其游记中记录道："这里的人死于抗击海水的比死于战争的还多。"但也因为这里是许多河流的入海口，造就了荷兰无与伦比的优良港口，拥有辐射整个莱茵河流域的港口地带，承担着欧洲航运中心的重任，成为欧洲最富饶的地区之一。

　　贸易丰富了荷兰人的生活，也吸引了入侵者的眼光。自公元前 57 年左右，恺撒来到低地之国之后，法国人、英国人、西班牙人都对这里趋之若鹜，无一不为了这里的财富。在西班牙帝国时代，其一半的税收来自这里，所以西班牙国王卡洛斯一世把它看作是自己"王冠上的一颗珍珠"。

　　只要不影响正常贸易和收入，关于谁是这里的国王，对荷兰人来说并不重要。可到了 16 世纪，西班牙由于连年战争，国库空虚，开始将手伸向荷兰人的钱袋，这就踩到了荷兰人的痛点。为了与西班牙抗争，荷兰先花大价钱买到了自治权，然后又联合了尼德兰北方七省组成"联省共和国"，组成一支强大的海军舰队横行于殖民地之间，同时也保护着本国商人的合法利益。

荷兰这个面积仅4万多平方千米的低地小国，以良好的贸易信用、精明的商业策略和超前的资本运作能力，横行于17世纪的世界海洋，成就了属于荷兰的海洋霸权时代。

目 录

第一章　频繁易主的低地之国 / 1

大国包围下的荷兰 / 1
罗马时代的荷兰 / 2
法兰克统治下的尼德兰纷争不断 / 6
勃艮第统治下的荷兰 / 16

第二章　荷兰独立之路 / 24

独立战争的开启——圣像破坏运动 / 24
与尼德兰新任总督阿尔瓦公爵的对决 / 26
新任尼德兰总督无法调和宗教矛盾 / 33
新任尼德兰总督唐·胡安 / 36
法尔内塞继任尼德兰总督 / 39

荷兰与海洋文明 ｜ v

第三章　荷兰走上了独立发展的道路 / 44

英格兰助阵荷兰 / 44
年轻的执政官及他治下的 10 年 / 46
十二年的休战 / 54

第四章　荷兰的手工制造业、造船业和航运业的崛起 / 62

荷兰繁盛的手工制造业 / 62
精明的荷兰商人改造货船 / 65
阿姆斯特丹成为世界贸易的中心 / 69

第五章　鲱鱼与荷兰 / 73

面朝北海为荷兰带来的优势 / 73
提升技术难度的改进 / 76
鲱鱼贸易带动的跨国贸易 / 80

第六章　荷兰著名的探险家 / 82

探险英雄巴伦支：为荷兰商人赢得了宝贵的信誉 / 82
商人霍特曼用生命换来的巨额利润 / 85
荷兰人雅各布与毛里求斯 / 90

第七章　东印度公司成就荷兰海洋霸权 / 92

荷兰人"不择手段"开展贸易 / 92
荷兰打败葡萄牙获得东方航线要塞好望角 / 100

第八章　精明的荷兰人家有内患，外惹恼英格兰人 / 103

荷兰西印度公司放弃巴西 / 103
荷兰的"无执政时代" / 108
曾经的盟友英国开始敌视荷兰 / 110
《航海条例》成第一次英荷海战导火索 / 111

荷兰与海洋文明 | vii

第九章　第一次英荷战争 / 114

英荷多佛尔海战爆发 / 114
越打越没底的第一次英荷战争 / 117

第十章　第二次英荷战争 / 121

英国新《航海条例》/ 121
丢失新阿姆斯特丹，拉开第二次英荷战争的序曲 / 123
四日海战英格兰初现败象 / 127
奇袭查塔姆 / 130

第十一章　第三次英荷战争 / 135

法国想称霸欧洲 / 135
第三次英荷战争爆发 / 137
荷兰迎战英法海军——索莱湾海战 / 139
第三次英荷战争的尾声——特塞尔之战 / 141

第十二章　暮日西斜，霸权不再 / 144

法荷战争结束曲 / 144
入驻伦敦，英荷并政 / 146
美国独立战争奏响的霸权终结曲 / 149

第一章
频繁易主的低地之国

在欧洲西部的德国与比利时之间有一处洼地，这里就是荷兰。在史前时代，这里生活的人们，就跟随海洋的潮涨潮落或进或退……

大国包围下的荷兰

荷兰是名副其实的低地国家，国土总面积 41 864 平方千米，由于它特殊的地理位置，成了西欧最重要的交通连接点，同时也是西欧大西洋重要的出海口。

低地国家——荷兰

荷兰人称自己的国家为尼德兰，尼德兰是低地国家的意思，荷兰境内有 1/4 的土地海拔不到 1 米，甚至低于海面，除南部和东部有一些丘陵外，绝大部分地势都很低，所以才有了低地国家之称。

郁金香在 17 世纪被引进到荷兰，迅速获得荷兰人的喜爱，被誉为荷兰的国花，荷兰也因此成为郁金香王国。如今荷兰每年培育 30 亿株郁金香，排列起来可以绕赤道 7 圈。

◉ 郁金香王国

大国包围下的荷兰

荷兰背靠德国，德国在地理上拥有广袤的国土，在人口上完全碾压荷兰，甚至连气候都比荷兰要更加宜人。

荷兰还有个邻居——比利时，相比于德国，这个国家明显低调太多。它和荷兰很相似，也有着富饶的土地。除此之外，荷兰周边还有法国、英格兰……

在这些国家的包围之下，狭小的荷兰生存艰难，历史上不乏被外来势力侵略和统治。

罗马时代的荷兰

荷兰的历史要从著名罗马人恺撒说起。

讨伐尼德兰

在罗马人来到尼德兰前，这里是一片蛮荒之地，只有凯尔特部落和日耳曼部落分居莱茵河的南北两侧。

到了公元前 57 年，时任比利时总督的罗马人恺撒，注意到了与比利时比邻的尼德兰，于是，罗马人开始对尼德兰的土著居民进行讨伐，经过 5 年的时间，恺撒征服了这里，尼德兰被罗马帝国统治，归罗马的比利时总督管辖。

◉ 风车之国

在 16–17 世纪时，荷兰全国大约有上万架风车，为荷兰当时的经济注入了强大的动能，荷兰也因此被誉为风车之国。

◉ 凯尔特风格图案

法国东部塞纳河、罗亚尔河上游、德国西南部莱茵河和多瑙河上游地区是凯尔特人的发源地。在欧洲，从东到西，从南到北，凯尔特人曾经大规模迁移，无处不在。他们和古希腊人做生意，和古罗马人争战不休。他们成群结队地翻过阿尔卑斯山，把铁器带往欧洲各地。

2　荷兰与海洋文明

罗马人来到这块蛮荒之地后，除了奴役这里的人民，也带来了罗马文明，给尼德兰人民带来了文字，并且修路建桥、传授农耕技术……这些先进的文明促进了尼德兰的早期发展。

罗马控制力的衰弱与尼德兰本土势力的崛起

罗马统治了尼德兰几个世纪。后来罗马的政局日渐不稳，因内战连绵，昔日强大繁盛的罗马，村落开始枯竭，城市衰落。这个时期，罗马内部全面瘫痪，外部危机四伏，曾经被罗马统辖的地区不断流失，大片土地易主。

在这样的背景下，被罗马统治的尼德兰土著——日耳曼人的两个部落巴达维人和弗里斯人揭竿而起，开始了寻求自由之路。

骑兵之源巴达维人的反叛

巴达维人在移居尼德兰之前，曾生活在与尼德兰紧邻的德国黑森一带，因为部落纷争，有一支就流浪到了尼德兰的莱茵河三角洲的一座小岛上。尼德兰被罗马征服后，巴达维人也就成了罗马的臣民。

当时的比利时在公元前57—前51年被恺撒征服后隶属于罗马的贝尔吉卡行省。

◉ 恺撒雕像

恺撒，全名盖乌斯·尤利乌斯·恺撒（公元前102—前44年），史称恺撒大帝，罗马共和国（今地中海沿岸等地区）末期杰出的军事统帅、政治家，并且以其优越的才能成了罗马帝国的奠基者。

第一章 频繁易主的低地之国

公元前 13 年，罗马因为征兵而重用了巴达维人，因为巴达维人善于骑兵作战，罗马免去了他们的赋税，但是巴达维人必须向罗马提供充足的兵源，以换取安定的生活。

在罗马帝国强盛时期，身处尼德兰的巴达维人只能乖乖听话，因此双方成为盟友。但当罗马帝国的控制变弱以后，巴达维人便开始蠢蠢欲动。

公元 68 年，罗马皇帝尼禄被逐下王座，逃亡后自杀，在罗马帝国内部陷入混乱之际，巴达维人乘机与其他的势力（如日耳曼人、凯尔特人）组成低地部落联盟，高举反叛的旗帜，开始反抗罗马的统治。可是好景不长，罗马局势恢复之后，这个低地部落联盟便被瓦解了。

> 巴达维人居住在现在荷兰的贝图韦地区，即莱茵河口的莱顿周围。公元前 12 年被罗马征服，在 4 世纪时被法兰克人驱逐。

> 公元 68 年，罗马控制的高卢、西班牙诸行省先后爆发了反对尼禄的叛乱，尼禄在不明战况的状态下，以为深陷穷途末路的境地，遂仓皇逃离首都罗马。元老院获悉后当即宣判尼禄为"国家公敌"，拥立率军起义的西班牙行省总督加尔巴为皇帝。同年 6 月 9 日，尼禄被迫自尽。尼禄的死标志着罗马帝国的第一个王朝——由奥古斯都开创的朱里亚·克劳狄王朝至此终结。

● 尼禄的加冕

尼禄，全名尼禄·克劳狄乌斯·恺撒·奥古斯都·日耳曼尼库斯（公元 37—公元 68 年），罗马帝国第五位皇帝，公元 54 年 10 月 13 日—公元 68 年 6 月 9 日在位。公元 54 年，皇帝克劳狄乌斯驾崩，尼禄凭借其母小阿格里皮娜此前的诸多谋划，顺利即位为帝。尼禄是古罗马乃至欧洲历史上著名的暴君，世人称之为"嗜血的尼禄"。

牛皮之都弗里斯人的反叛

弗里斯人是日耳曼人在北莱茵地区的一个分支。公元前 12 年,罗马元首屋大维派军队打败了弗里斯人,并将其聚居区纳入罗马统治之下。

弗里斯人生活的地方是环境良好的湿地地区,盛产水牛,于是弗里斯人就用牛皮代替粮食,向罗马人缴纳赋税,因此,弗里斯人聚居区成了罗马军队中牛皮主要的提供产地之一。

随着罗马局势的变化,罗马的当局者对弗里斯人的剥削不断加重。

公元 28 年,罗马在尼德兰的总督以弗里斯人进贡的牛皮不合格为由,抓捕了大量的弗里斯人,将妇女和儿童贩卖为奴隶,以此警告威慑弗里斯人,强迫他们提供更多更好的牛皮。但此事在弗里斯人中激起公愤,于是发生了巴杜伊纳森林战役,弗里斯人与其盟友打败了罗马人,获得了短暂的自由。

◉ 屋大维 – 雕像

屋大维,全称盖维斯·屋大维·奥古斯都(公元前 63—公元 14 年),后三头同盟之一,罗马帝国的第一位元首,元首政制的创始人,统治罗马长达 40 年,是世界历史上最为重要的人物之一。

◉ 弗里斯的牛 – 雕像

弗里斯人聚居区盛产水牛,其肉质鲜美,皮质适合加工,而且弗里斯奶牛是荷兰传统优秀的乳牛种类,如今世界各国都纷纷引进弗里斯的牛,培育杂交成本国的弗里斯牛。

第一章 频繁易主的低地之国

小规模的起义无法撼动罗马这棵大树,到了公元 47 年,罗马又重新收复这里,并在弗里斯人的土地上建立了多处大型防御工事。为了加强莱茵河的防御,罗马人要求弗里斯人搬离北莱茵地区,在庞大的罗马军队威慑之下,弗里斯人多次起义失败后,不得不背井离乡,人口稀少的弗里斯人移居到了尼德兰北部荒凉的地区。

法兰克统治下的尼德兰纷争不断

此后 200 多年,尼德兰地区发生了大大小小的起义和暴动,但是这个时期,罗马对尼德兰的统治依旧保持相对稳定。直到法兰克人入侵尼德兰,罗马的统治时代才宣告结束。

弗里斯兰王国

进入 5 世纪后,尼德兰地区的气候有了明显的改善,这里变得宜居起来,附近的撒克逊人、安格尔人和朱特人开始

古代的弗里斯人属于日耳曼部落群的西支,与盎格鲁人和撒克逊人为邻,公元初分布在北海的东南岸和东岸,从事沿海贸易,活跃一时。是构成荷兰人、弗拉芒人、英格兰人和丹麦人的成分之一。

公元 3 世纪,法兰克人趁尼德兰人反抗罗马的浪潮,开始出没于罗马治下的尼德兰边境地区,并且时常攻击该地。

大约公元 310 年,法兰克人发迹于今日佛兰德斯的西部,以及荷兰的西南部,也就是说他们控制了罗马人通往不列颠岛的交通要道。在 5 世纪西罗马帝国灭亡前,法兰克人摇身一变成为该地区的霸主。

⊙ **撒克逊人制造于 10 世纪的面具**

撒克逊人是日耳曼人的一支,最早居于波罗的海沿岸和石勒苏益格地区,后内迁至德国境内的尼德萨克森一带,称为萨克森人。公元 5 世纪初,萨克森人北上渡海,在高卢海岸和不列颠海岸登陆入侵。史学界为了区分,把在不列颠定居的萨克森人称为撒克逊人。

往这边迁徙，起先他们聚集在尼德兰北部地区，后来又最终到达英格兰。

这些外族和当地弗里斯人相融合的后代，后来被称为"弗里斯兰人"，成为今天弗里斯兰人的祖先。

弗里斯兰人在罗马帝国崩溃之后，开始成为欧洲西北部的商业贸易参与者。到了公元550年左右，弗里斯兰人占据了一些土地肥沃之处，将贸易拓展到水上，形成了固定的部落性居住群体。在闲时他们努力耕作、发展经济；到了战时，部落酋长就成为首领，抵抗外侵。随着时间的推移，这些酋长以及其亲属渐渐地演变成了最早的贵族。后来逐渐形成了由不同部落联合起来的弗里斯兰王国，统治着莱茵河三角的马斯地区，也就是如今荷兰的大部分地区。

◉ **朱特人的黄麻装饰**

朱特人是日耳曼人中的一个分支，并且是当时三个最强大的日耳曼民族之一。他们发源于日德兰半岛和部分的东弗里斯兰海岸。

法兰克墨洛温王朝

西欧地区处于长期的动荡之中，游牧民族与半游牧民族对该地区的原住民进行了持久的骚扰与攻击。在这一过程中，公元5世纪法兰克人在高卢逐渐形成了一股以墨洛温家族为主的军事势力，而这个时期的罗马已经没有能力完全掌控西欧地区了。

公元486年，墨洛温家族的克洛维一世在苏瓦松消灭了罗马在高卢的最后一股势力之后，开始确立王权。之后，他还带兵消灭了妄图入侵的其他部落和西哥特人。到公元511年克洛维一世死时，法兰克墨洛温王朝的势力已经扩张到高卢大部分地区和莱茵地区。

◉ **女性佩戴的鸟形胸针**

法兰克鸟形胸针，制作于公元6世纪下半叶。这枚胸针由女性佩戴，具有法兰克珠宝做工精细的特点。

克洛维一世于公元496年放弃了日耳曼人所信奉的阿里乌斯教，转而皈依天主教。这一行为在法国和西欧历史上产生了重要影响，也为后来克洛维一世将其统治领土扩张到原罗马帝国高卢地区起到了举足轻重的作用。

克洛维一世死后他的4个儿子虽然合力吞并了勃艮第王国（534年），但其后就处于内斗之中。

◉ 克洛维一世的受洗－象牙制品

克洛维一世，法兰克王国奠基人、国王。在克洛维一世时代，王权比较微弱，国家的行政机构仍很不健全。克洛维一世基本上只是一个马背上的国王。

按照日耳曼人的传统习俗，克洛维一世死后他的4个儿子克洛泰尔一世、希尔德贝尔特一世、克洛多梅尔和提奥多里克一世平分了法兰克王国领土。

入侵弗里斯兰王国

不提法兰克王国内部的权力更迭，单说公元630年，克洛维一世的幼子克洛泰尔一世向外征讨，他吞并了奥德、莱茵以南的地区，开始不断逼近弗里斯兰王国。

法兰克人入侵弗里斯兰王国的过程并不顺利，双方僵持了20年之久，公元650年，随着法兰克国王克洛泰尔一世的

◉ 克洛泰尔一世

克洛泰尔一世是法兰克墨洛温王朝的开创者克洛维一世的幼子，原为苏瓦松国王（511年起在位），后来先后吞并三位亡兄的奥尔良王国、兰斯王国和巴黎王国的领土，又吞并整个勃艮第王国，成为第二位统一法兰克王国的国王（558—561年在位），他去世之后，统一的王国被他的儿子们再次瓜分。

去世，弗里斯兰人再度回到莱茵河三角洲，并且将乌特勒支城变成了弗里斯兰国王的驻地。

弗里斯兰国王的对手是法兰克宫相丕平二世

弗里斯兰国王拉德伯德统治时期，由于遗留的历史问题，导致弗里斯兰与法兰克领土的冲突日趋激烈，双方都整军待发，只等燃起战火的引线。

法兰克国王克洛泰尔一世死后，王国领土再次被其儿子平分，克洛维王朝走入低谷，国王昏庸懒政，一切事务依赖于宫相处理。而此时弗里斯兰国王拉德伯德要面对的对手就是法兰克王国的宫相丕平二世。

> 法兰克人入侵弗里斯兰王国，除了军队入侵还有新的信仰——基督教。弗里斯兰人对基督教入侵并没有过多排斥，不久之后，弗里斯兰人在乌特勒支建立了第一座教堂。

● 乌特勒支城堡

公元47年罗马人在当时的莱茵河畔修筑要塞，保护莱茵河口，称为"莱茵渡口"，此为乌特勒支的起源。早期时要塞为木结构，2世纪后改为石制。约有500名罗马士兵驻守。要塞附近有小居民点居住着工匠、商人和士兵家属。2世纪中期，日耳曼部族开始不断入侵。公元270年罗马人离开，公元270—500年的城市历史不为人所知。6世纪起，乌特勒支被法兰克人统治。

◉ 莱茵河

杜里斯特战役

法兰克王国的宫相丕平二世与弗里斯兰国王拉德伯德之间的较量终于在杜里斯特展开了。

杜里斯特邻近莱茵河岔口，地理位置得天独厚，法兰克人扼守着通往日耳曼地区（通过莱克河）、英格兰地区、法兰西北部地区、尼德兰北部地区以及斯堪的纳维亚地区（通过科洛莫莱茵河）的交通要道，因此弗里斯兰王国东北方的贸易干线被法兰克王国掐住了。

面对这样重要的战略及经济要地，拉德伯德终于按捺不住出手了。公元689年，拉德伯德亲自率军占领了这里。

> 宫相是一种官职，在我国唐代就有，是专门用来辅佐太子的，而在法国就相当于是宫廷总管。6世纪以后的法兰克一般会有3个人分别担任不同部门的宫相，但丕平二世是当时唯一的宫相，由此可见他的受宠程度以及政治手腕。

法兰克宫相丕平二世迅速做出了反击。很快，拉德伯德被法兰克军队包围在杜里斯特城附近的城堡里，最后被彻底打败，逃回了弗里斯兰王国的驻地乌特勒支城。不仅如此，还丢失了莱茵河以南的领地，好在军队实力尚在，但情况不容乐观，因为法兰克王国的军队乘胜逼近了乌特勒支城。

拉德伯德的反击

面对法兰克王国大军的紧逼，拉德伯德只能靠求和联姻的方式，以保持国家的暂时和平。

公元714年，丕平二世去世了，法兰克王国又陷入内斗中，拉德伯德也趁机参与了一把，两年之后，夺回了乌特勒支城附近的领土和杜里斯特，并缴获了大量的战利品。取得如此胜利，拉德伯德信心爆棚，开始筹划入侵法兰克本土的战争，并为此组建了一支强大的军队。然而，上天并没有给他这样的机会，公元719年，拉德伯德撒手人寰，他的战争计划被迫中止。拉德伯德死后，弗里斯兰王国开始走下坡路。

◉ **丕平二世**

丕平二世（公元635—714年），有时也被称为赫斯塔尔丕平（Pepin of Herstal）或称小丕平，从公元680年任奥斯特拉西亚的宫相。

公元7世纪时，依托罗马人留下的堡垒，杜里斯特的镇区开始建立起来，坐落在莱茵河北支附近，莱茵河在那里分为莱克河和科洛莫莱茵河，位于尼德兰乌特勒支省东南部，在如今的韦格拜迪尔斯泰德镇附近，杜里斯特是中世纪早期的一个商业中心。

◉ **圣威利布罗德**

公元703年或704年，丕平二世将乌特勒支赠予教士圣威利布罗德，作为他向尼德兰北部的弗里斯兰传教的基地。

第一章 频繁易主的低地之国 | 11

弗里斯兰王国走向灭亡

丕平二世死后,其私生子查理·马特从内斗中脱颖而出,成功地接管了丕平二世的权力,成了法兰克宫相。

查理·马特重新统一了法兰克王国

丕平二世去世后,法兰克境内内斗不止,使得国家实力大为削弱,为了提升军队的战斗力,查理·马特模仿罗马军团,建立了一支由自由农民组成的强大步兵,先后击败各地的割据势力和地方贵族的叛乱,重新统一了法兰克王国,并成为国家的实际统治者。

弗里斯兰王国灭亡

公元733年,查理·马特对弗里斯兰发起进攻,两年之后,弗里斯兰新国王战死,其下辖领土被法兰克王国大军全部占

⦿ 法兰克宫相查理·马特(图中的骑马者)

查理·马特(688年8月23日—741年10月23日),是当时法兰克王国实权的掌握者,丕平二世的私生子,丕平三世的父亲,也是欧洲中世纪最重要的人物之一,其功绩包括奠定卡洛林王朝的基础,确立了采邑制,巩固与发扬了当时的封建社会制度。公元737年法兰克国王死后,他成为王国的唯一统治者,但像他父亲一样,没有国王的称号。

领，查理·马特派了大量传教士去往占领地传教，弗里斯兰王国灭亡。

王国虽然没有了，但是弗里斯兰人依旧不断地发动武装起义，并且还将愤怒转嫁到了基督教和传教士头上。

虽然弗里斯兰人非常不满和愤怒，但毕竟力量过于弱小，终难成事，起义被一次又一次镇压，公元793年之后，弗里斯兰人彻底臣服于法兰克人的统治之下。

法兰克出现了分裂

公元800年圣诞节，法兰克国王查理曼大帝在罗马被教皇利奥三世加冕为皇帝，这是他权力的顶峰。

在查理曼大帝登基之时，法兰克王国主要包括今日的法国、比利时和瑞士以及今日荷兰和德国的许多地区。

查理曼大帝死后不久，法兰克王国又出现了分裂。公元843年，查理曼大帝的3个孙子洛泰尔、日耳曼人路易及秃头查理签署《凡尔登条约》，把查理曼大帝遗留下来的法兰克王国一分为三。东法兰克王国成了以后的德国，西法兰克王国成了以后的法国，东、西部之间的地区则成了以后的意大利。

● 法国查理曼大帝

法国查理曼大帝或称为查理、查尔斯大帝、卡尔大帝，法兰克王国加洛林王朝国王，德意志神圣罗马帝国的奠基人。他建立了囊括西欧大部分地区的庞大查理曼帝国。

> 博尼法斯谋杀案：传教士博尼法斯组织的为弗里斯兰人受法的聚会，在当时影响巨大。公元754年6月2日，博尼法斯和其手下52人被弗里斯兰人（多克姆）杀死。后来博尼法斯被追封为圣徒，成为荷兰历史上的知名人物。

● 秃头查理

秃头查理为查理曼大帝之孙，是法兰克皇帝路易一世（虔诚者）的第四子。

公元 751 年，法兰克王国宫相查理·马特之子丕平三世在罗马教皇支持下废墨洛温王朝国王自立，建立加洛林王朝。

虽然原来法兰克王国的卡洛林王朝得以延续，但境内的大家族却逐渐崛起，使得王权旁落。

公元 768 年丕平三世驾崩，法兰克王国被其儿子查理曼和他的弟弟卡洛曼两人瓜分。公元 771 年卡洛曼猝然去世，29 岁的查理曼成为法兰克王国唯一的君主，该王国当时已是西欧最强大的国家。

瓦尔赫伦岛原先是一座位于荷兰泽兰省斯海尔德河口的岛屿，后因围海造田逐渐与荷兰大陆相连。

公元 737 年法兰克国王死后，查理·马特并没有新设立国王，他成为王国的唯一统治者。但他并没有来得及篡位便于公元 741 年死于水肿。按日耳曼人的传统，马特在死前将帝国分给了他的两个儿子——丕平三世和卡尔曼。在之后的内斗中，丕平三世获胜。

到了公元870年，秃头查理及日耳曼人路易再次勘定边界，签署《墨尔森条约》，瓜分了洛泰尔子嗣遗留下来的中法兰克王国（意大利）。在这份条约中，东法兰克王国瓜分了中法兰克王国（意大利）东部地区，西法兰克王国瓜分了中法兰克王国（意大利）西部领土，逐渐形成法兰西王国版图的雏形。此后法兰克王国再也没有被统一过。王国各个不同的部分发展出不同的习俗、民风、语言，成了独立的国家。

随着加洛林王朝消亡，只有西部的法兰西继续使用法兰克这个名字，而东法兰克帝国则演变为神圣罗马帝国（德国），继续维持着罗马皇帝的传统。

北欧海盗带来的危机

查理曼大帝在世时就一直全力对抗着维京人。公元 850 年左右，查理曼大帝死后，在法兰克内乱的时候，维京海盗开始在荷兰、法兰克沿岸登陆，瓦尔赫伦岛等沿海地区惨遭蹂躏，多地被海盗洗劫一空。

◉ 贝叶挂毯中的维京人和他们的长船

这个时期在法兰克领地上施虐的维京人，是由丹麦人拉格纳·洛德布罗克带领的维京海盗。据史料记载，公元 845 年拉格纳率领海盗军队袭击了巴黎。

尼德兰人自发地组织抵抗维京海盗

作为尼德兰的统治者，法兰克王国（被分割后的西法兰克王国）对维京人的突然造访束手无策，只能将尼德兰沿海地区的大片土地割让给海盗。为了自保，尼德兰人自发地以城市为单位组织抵抗，其中最著名的要数公元922年佛兰德斯伯爵之子迪尔克，因打击海盗有功，被法兰克国王封为西佛兰德斯伯爵。

迪尔克受封之后，一边搞基础建设，一边防御海盗，依托自己身后富有的佛兰德斯家族，迪尔克最终成功地在贫瘠与危险的尼德兰站稳了脚跟。

◉ 曾经的佛兰德斯国徽

佛兰德斯是西欧的一个历史地名，泛指古代尼德兰南部地区，位于西欧低地西南部、北海沿岸，包括今比利时的东佛兰德省和西佛兰德省、法国的加来海峡省和北方省、荷兰的泽兰省。

◉ 维京长船

维京长船是斯堪的纳维亚的维京人在维京时期使用的贸易、商务、探险、战斗的船，活跃于公元793—1066年。

维京长船的船首以龙头雕像作为标志，由于维京长船船身修长，因此吃水很浅，能够驶入河道及浅湾，从而逃避军舰的追捕。维京长船作为维京人的重要象征，经常被铸在银币和徽章之上。

在9世纪末至10世纪初，统治着西法兰克王国的加洛林王朝开始走向衰落，而卡佩王朝却开始崛起。法国两个家族开始出现对立。公元987年，西法兰克国王路易五世逝世，加洛林家族后继无人，卡佩家族的雨果·卡佩因此被拥立为西法兰克国王，建立卡佩王朝。由于卡佩本来为法兰西岛公爵，因此国家也改称为"法兰西王国"。

维京人带给尼德兰人的不仅仅是洗劫，还带来了繁荣

维京海盗驾驶长船横行于莱茵河，同时也带来了波罗的海、不列颠群岛和莱茵河流域的许多商品，精明的尼德兰人开始发展各种贸易，比如北欧的锡器、皮毛和鲸油，并且为了迎合北欧人的需求，他们开始发展纺织业、饲养绵羊。

北欧海盗令法兰克王国非常担忧，然而尼德兰这边却是一片和平。

因为维京人的到访，法兰克王国无暇顾及尼德兰，使得尼德兰免遭法兰克人的盘剥，封建制度开始在尼德兰推行。

西佛兰德斯伯爵带领尼德兰一边发展，一边看着法兰克王国分裂、斗争；再分裂、再斗争。尼德兰所在的这片低地虽然经过多次易主，但始终没有战争，给了这片土地良好的发展环境。

[入侵不列颠群岛的维京船队]

勃艮第统治下的荷兰

法兰西国王腓力六世奉行中央集权的扩张政策，想把王权控制的地区扩展到阿基坦，而这一地区却是英格兰王室在法国的主要领地。英格兰国王爱德华三

世享有既持有阿基坦公爵领地又不受制于法王的独立地位。法兰西的这一举动，使他非常不满。

三料伯爵助阵爱德华三世

公元1337年，身负"埃诺、荷兰、泽兰"伯爵爵位的三料伯爵约翰·阿韦讷因病去世，他的儿子约翰二世继承了这些爵位之后，立即与姐夫英格兰国王爱德华三世结盟。

爱德华三世原本就对法兰西侵犯领土的行为非常不满，如今有三料伯爵的结盟，更是如虎添翼。同年，爱德华三世宣布法兰西国王腓力六世的王位继承身份"不合法"，自己才是法兰西王位的合法继承人。

腓力六世向爱德华三世提出收回阿基坦领土的要求，爱德华三世断然拒绝了他，并对腓力六世展开咄咄逼人的攻势。腓力六世愤怒之余立即出兵，攻占了英格兰在法兰西的领地，由此开始了英法百年战争。

关于阿基坦领土的问题：在法兰克王国时期，阿基坦作为一个完整的公国被其他法兰克子王国共管。在历史长河中几经转手，阿基坦被女公爵埃莉诺继承，她先是嫁给了法王路易七世，没有子嗣。公元1152年，埃莉诺改嫁给安茹伯爵亨利。两年后安茹伯爵亨利成为英格兰国王。于是阿基坦的领土又成了英格兰王室领土。所以法兰西国王腓力六世又怎能安心让英格兰王室掌控如此大的法兰西领地呢？作为另一方，英格兰国王爱德华三世更不愿意放弃这么大的一块肥肉了。

● 阿基坦城堡

阿基坦位于法国西南部，西邻大西洋，南接西班牙。因为阿基坦与法国和英国之间的关系复杂，所以这里的战火一直不断。

英法百年战争是指英格兰和法兰西，以及后来加入的勃艮第，于公元1337—1453年间的战争，是世界历史上最长的战争，断断续续进行了长达116年。战争胜利使法国完成民族统一，为日后在欧洲大陆扩张打下基础；英格兰几乎丧失所有的法国领地，但也使英格兰的民族主义兴起。

扩展阅读：法兰西王位之争

公元1314年，法兰西国王腓力四世逝世，根据王位继承规则，王位应由腓力四世的3个儿子继承，后来腓力四世的3个儿子也死了，没有留下任何男性子嗣。至此，也就是公元1328年，始于公元987年的法国卡佩王朝王室男性子嗣灭绝。

按理说，法兰西王冠应该落在腓力四世外孙英格兰国王爱德华三世头上，因为其母是腓力四世的女儿伊莎贝拉。然而法国贵族一致反对将王位授予英格兰国王，为此他们推举腓力四世的侄子、安茹伯爵腓力·瓦卢瓦为新法王。

公元1328年，腓力·瓦卢瓦加冕法兰西国王，称腓力六世，他也是法兰西瓦卢瓦王朝首位国王。

◉ **法兰西国王腓力六世**

法兰西国王腓力六世（1293—1350年），法国瓦卢瓦王朝的第一位国王(1328—1350年在位)，在位时与英格兰爆发了著名的英法百年战争，公元1347年在弹尽粮绝中向英格兰国王爱德华三世投降。公元1350年，腓力六世死后，法兰西陷入分崩离析和社会动荡的状态之中。

◉ **英格兰国王爱德华三世**

爱德华三世（1312—1377年），英格兰国王，公元1327—1377年在位。爱德华三世在位时除了法兰西之外，另一个主要的敌对目标是苏格兰。

18 | 荷兰与海洋文明

英格兰海权的崛起

当时英、法两国因为贸易利益的关系，对佛兰德斯进行争夺，使它们之间的冲突加剧。

公元1328年，法兰西王国占领佛兰德斯，英格兰国王爱德华三世下令禁止羊毛出口到佛兰德斯。佛兰德斯因失去原料来源，转而支持英格兰，承认爱德华三世为法兰西国王和佛兰德斯的最高领主，使英、法两国矛盾进一步加深。

爱德华三世组织了一支舰队远征佛兰德斯，可是英军里面不仅有原来的海军，还有临时征调的商船，这支军队略有心虚，犹豫着是打还是不打？

另一边，为了阻击英格兰军队，腓力六世也在斯鲁伊斯集结了一支法兰西舰队，直奔犹豫中的英格兰舰队而来。

◉ 英格兰金雀花家族纹章

英格兰金雀花家族在法国拥有土地，他们据此自认为属法王诸侯，但法王并不信任他的这些英格兰表兄弟，认为英格兰人的存在，使法国无法获得英格兰人所占领的土地，进而无法进行领土扩张以及有效地进行中央集权统治。

◉ 中世纪的桨帆船战舰－古迹插画

第一章　频繁易主的低地之国 | 19

> 公元1337年，英格兰国王爱德华三世正式自称为法兰西国王，而且此后直到1801年，每个英国国王也都自称是法兰西国王。

不容英格兰人犹豫，斯鲁伊斯海战直接打响，因为英格兰获得佛兰德斯的支持，取得了最后的胜利，法兰西舰队的166艘战舰被击沉或被俘，损失了近20 000名将士，而爱德华三世通过此战终于夺取了英吉利海峡的控制权，佛兰德斯乃至整个法兰西都向其敞开了怀抱。

约翰二世死后无嗣，爵位和领地被妹妹继承

英法百年战争既是代表英格兰的金雀花王朝与代表法兰西的瓦卢瓦王朝间的争夺，也是西欧各地诸侯因挑衅而引起的一场混战。

● 斯鲁伊斯海战

斯鲁伊斯海战发生在公元1340年6月24日，为英法百年战争揭开序幕。这次战役中，法兰西海军舰队受到沉重打击，使法军无法跨过海峡入侵英格兰，也让之后的战役大多发生在法兰西本土。

20 | 荷兰与海洋文明

"埃诺、荷兰、泽兰"三料伯爵约翰二世，在英、法两强相互攻伐期间，首先吞并了乌特勒支主教区，然后在公元1345年率舰队从须德海突袭佛兰德斯，但此战颇为不顺，佛兰德斯人的战斗力明显超出他的预期，不仅军队溃败，约翰二世本人也以战死而收场。

约翰二世的死结束了荷兰3个伯爵一体的政治联合体对外扩张的时代。由于没有子嗣，约翰二世的爵位和领地由其妹妹——神圣罗马帝国皇后玛格丽特继承。之后的荷兰陷入不断的内战中。

勃艮第公国不断壮大，与法兰西关系紧张

在公元1356年9月19日英法百年战争的一场战役——普瓦捷之战中，英军在主帅黑太子爱德华的率领下，以寡击众，

● 瓦卢瓦王朝徽标

瓦卢瓦王朝又称华洛亚王朝，是公元1328—1589年统治法国的封建王朝。由卡佩家族的旁支瓦卢瓦伯爵查理之子腓力六世继承王位（1328—1350年），建立瓦卢瓦王朝。

黑太子爱德华是爱德华三世与埃诺的菲莉帕的长子。他是英法百年战争第一阶段中英军最著名的指挥官。其绰号的来源有两个：一是因其常穿黑色铠甲，故被称为"黑太子"。二是因其对阿奎丹公国洗劫，又在阿奎丹放纵士兵横行不法，法国人认为他心肠黑，故称之为"黑太子"。

● 勃艮第公国徽标

勃艮第历史上是一个公国，原来仅仅是围绕第戎的方圆数十里地，后来演变成上起波涛汹涌的英吉利海峡，下至冰天雪地的阿尔卑斯山脉的公国，成了法国国王的心腹大患。

第一章 频繁易主的低地之国

◉ 普瓦捷之战 - 古籍插画

俘获了法兰西国王约翰二世。此战法军虽败，约翰二世的侄子大胆的菲利普却表现得异常勇猛，将约翰二世赎回后，大胆的菲利普被封了侯，称为菲利普二世，他还领到一块地，那就是勃艮第。

勃艮第没有直接参与英法百年战争中，而是养精蓄锐，囤积粮草，吞噬周边领土，获得了佛兰德斯、阿图瓦、弗朗什孔泰（又称勃艮第伯国）以及其他地区，势力达到顶峰，并与法兰西争雄。

◉ 无畏者约翰

无畏者约翰，（1371—1419 年），他是菲利普二世公爵与佛兰德斯的玛格丽特三世的儿子，生于第戎。

无畏者约翰于公元 1396 年名义上领导一支勃艮第十字军讨伐奥斯曼帝国，而实际上勃艮第根本不具备与奥斯曼人交锋的实力。公元 1404 年，他继承了勃艮第公爵的爵位。

菲利普二世死后，无畏者约翰继位勃艮第公爵，他不甘于受法兰西的统治，试图成为独立的公国，甚至参与法兰西的王权争夺之中，于是与法兰西的关系紧张。

从 12 世纪起，阿马尼亚克作为法国国王控制地区（土鲁斯）和英格兰国王控制地区（吉耶讷）之间的缓冲地带，战略地位日益重要。

最后一位独立的勃艮第公爵大胆的查理

公元 1467 年，好人腓力的儿子大胆的查理成了新一任勃艮第公爵后，更是将父亲好人腓力扩张领土的思路发扬光大了，随着勃艮第公爵领土不断地扩大，大胆的查理的野心开始膨胀，他参与了欧洲大国间的政治斗争：

首先因为阿尔萨斯问题，大胆的查理和奥地利大公西吉斯蒙德产生矛盾；后来又参与莱茵省的内部斗争，并且在洛林公国继承人的问题上指手画脚。

大胆的查理四处战斗，给勃艮第树立了众多敌人。公元 1477 年 1 月 5 日，大胆的查理与得到法兰西国王路易十一支持的瑞士长矛兵作战时，由于雇佣军的出卖在南锡战役阵亡。几天后其被野狼啃掉一半脑袋的尸体才被从冰冷的湖水中打捞出来。他的独生女玛丽为了保卫领地，提前嫁给了哈布斯堡家族的马克西米利安一世。在他统治下的尼德兰地区，成了女儿的陪嫁品，几经转手，最后落入哈布斯堡王室的势力之下。

阿马尼亚克是欧洲最早酿造烧酒的地方，罗马人带来了葡萄，阿拉伯人带来了蒸馏器，法兰西人发明了橡木桶，之后这里就开始酿造烧酒。中世纪以来，烧酒用于治病，16 世纪生产开始发展。到了 19 世纪，人们已经离不开它，以至于殖民海外的人也要从境内运去。

● 大胆的查理

大胆的查理是好人腓力与葡萄牙公主伊莎贝拉之子，生于第戎。他努力扩张已经十分强大的勃艮第公国的力量，企图使勃艮第成为完全独立的政治实体。这让他与幼时玩伴法兰西国王路易十一之间的冲突日益激烈，最终死于路易十一支持的瑞士长矛兵之手。

第二章
荷兰独立之路

在西班牙统治下的尼德兰人民生活在水深火热之中,为了摆脱西班牙人的盘剥和迫害,他们开始拿起武器反抗。

独立战争的开启——圣像破坏运动

公元1566年4月5日,200多名尼德兰贵族以"贵族同盟"的名义,联名向时任尼德兰总督玛格丽特递交请愿书,要求撤销宗教裁判所并马上恢复大议会。

面对贵族同盟的请愿,玛格丽特虽然下令宗教裁判所暂停在尼德兰境内的活动,但是否恢复大议会,还需要等待国王腓力二世的批复。不过尼德兰贵族却没有这样的耐心,同年7月28日,他们再度掀起规模更大的请愿行动,这一次奥兰治亲王及各省执政者从幕后走到台前,明确了他们的态度,并开始私下招募军队。

> 西班牙的宗教裁判所是公元1478年由伊莎贝拉一世女王要求教宗思道四世准许成立的,用以维护天主教的正统性,以残酷的手段惩罚异端,教宗思道四世虽曾指责,但教廷始终没有禁止此种行为。

● 圣像破坏运动-刻板画

爆发圣像破坏运动，达成和解

就在"贵族同盟"与尼德兰总督的对峙尚没有结果的时候，8月11日，佛兰德斯等地率先爆发了声势浩大的圣像破坏运动，并迅速蔓延至尼德兰全境。

同年8月20日，圣像破坏运动波及尼德兰的安特卫普圣母院大教堂，接着其他城市也行动起来。面对来势汹汹的民众，女公爵玛格丽特与"贵族同盟"达成和解，部分贵族接受了玛格丽特的条件，其他贵族意识到腓力二世不可能承认这次和解，于是开始在加尔文主义者（新教徒）中筹款征募军队，守住占领的城市。

乞丐军被打败，尼德兰起义被暂时平定

西班牙政府的让步，并没有让尼德兰"贵族同盟"感觉安心，他们除了与加尔文主义一起守住占领的尼德兰的城市、建立了军事据点外，部分加尔文主义者还转移到森林里和海上，组成"乞丐军"，展开了游击战，神出鬼没地袭击了西班牙的城市瓦伦西亚，并占领了该城，建立军事据点，1566年9月17日，西班牙政府军队企图进入瓦伦西亚，被占领瓦伦西亚的加尔文主义者拒绝，尼德兰起义就此开始。

> 基督教中有明确的基本教义，就是对圣像的崇拜，因此破坏圣像就成了历代宗教人士反对教会的重要形式，而在普通信众的眼中，砸烂精美的圣母像、破坏精致的圣灵像并非"大罪"，反倒是表达感情的直率行为，并且还能抄出主教们的私藏财物，因此，一旦爆发圣像破坏运动，往往会有一呼百应的效果。整个16世纪，欧洲各地都曾爆发过此行为，比如德意志、苏格兰和法兰西。

> 16世纪时的尼德兰正处在西班牙王国的统治下。尼德兰人从贵族、市民到广大劳苦大众忍无可忍，纷纷组织起来砸教堂、冲监狱，掀起了一场声势浩大的起义。西班牙贵族辱骂造反的尼德兰人为"乞丐"，而起义者则喊出了"乞丐万岁"的口号，自称为"乞丐军"反过来用它嘲讽西班牙统治者。陆上的叫"森林乞丐"，海上的叫"海上乞丐"，共同构成了对抗西班牙统治者的主力军。

● 中世纪的安特卫普圣母院大教堂－油画

安特卫普圣母院大教堂是一座从公元1352年开始动工，历经200年而建成的大教堂，虽然耗时日久，几经战火，经历无数建筑师的监造，不过，整个建筑风格却相当一致、和谐。是哥特式建筑的代表作，占地约有2.5英亩。

以武力反抗西班牙的成员自称"乞丐军"，这一名称在公元1566年给玛格丽特的初次请愿中曾多次出现。据说玛格丽特的内阁大臣曾对玛格丽特说：他们不过是乞丐（意指"贵族同盟"）。因此"贵族同盟"的军事成员自称"乞丐军"并以此为荣誉的象征。

12月6日，西班牙政府军开始包围瓦伦西亚城堡并攻城。12月27日，试图援助瓦伦西亚的加尔文主义者和乞丐军在瓦伦西亚郊外被击溃。虽然西班牙夺回了瓦伦西亚，但是，却让西班牙国王更加担心尼德兰的安危。

与尼德兰新任总督阿尔瓦公爵的对决

公元1566年11月29日，西班牙国王腓力二世任命"铁血总督"阿尔瓦公爵——费尔南多·阿尔瓦为尼德兰总督，镇压尼德兰人民起义。

坚定执行国王给予的三大任务

公元1567年8月，"铁血总督"阿尔瓦公爵率领一支由西班牙人和意大利人组成的军队来到尼德兰地区。

女公爵辞去摄政之位，阿尔瓦公爵大权在握

最初，"铁血总督"阿尔瓦公爵只是担

◎ 瓦伦西亚城堡

瓦伦西亚是西班牙第三大城市，第二大海港，号称是欧洲的"阳光之城"，位于西班牙东南部，东濒大海。

相传，公元前13世纪，古希腊人用一匹木马攻克了特洛伊，夺走了那里的财宝，摧毁了那座曾经顽强抵抗的城市。一部分特洛伊人幸运地躲过了古希腊人的杀戮，然后一路逃到西班牙境内的瓦伦西亚。

◎ 阿尔瓦公爵

费尔南多·阿尔瓦（1507—1582年），西班牙贵族、军人和政治家。在查理五世统治西班牙的时代就因军功得到了显赫地位。在腓力二世继位之后，深受信任，当尼德兰地区的叛乱加剧时，就被派来这里。吞并葡萄牙时也是由他率军攻入里斯本。

任问题解决者的角色，随着阿尔瓦公爵权力的不断扩大，玛格丽特感到自己在这里已经没有意义，因此便辞去摄政之位，回到了意大利。阿尔瓦公爵上任伊始，便开始执行腓力二世交代给他的三项任务——惩治叛乱分子、确保尼德兰人只信仰天主教、建立集权化政府。

阿尔瓦公爵残忍地屠杀尼德兰民众

"铁血总督"阿尔瓦公爵首先惩治了大批的圣像破坏者，并在一些教区推行天主教特伦特委员会的决议（特伦特委员会在当时可以说是反对宗教改革的中坚力量）。

手握重兵的阿尔瓦公爵在捍卫天主教信仰和西班牙王权的过程中不遗余力，在阿尔瓦公爵统治尼德兰的5年时间里，约有8950名来自各行各业的尼德兰人被审讯，并被判处叛国罪、异端罪或者两者兼有。被传讯的人中还包括许多贵族，比如奥兰治亲王威廉、霍恩伯爵、埃格蒙特伯爵。

短短5年时间，尼德兰被充公的财产高达3亿塔勒（当时的货币单位）。尼德兰的贸易和工业陷入停顿，成千上万的难民逃离此地。

奥兰治亲王威廉开始与西班牙军队对抗

"铁血总督"阿尔瓦公爵采取残酷镇压的手段，使尼德兰变成了屠宰场。

奥兰治亲王威廉受过西班牙前国王卡洛斯一世的器重与厚恩，但是尼德兰人民的呐喊和鲜血又使他寝食难安。一度摇摆不定的他最终同尼德兰人民站到了一起，走上了反抗当时最强大的帝国——西班牙帝国的道路。

阿尔瓦公爵跟随查理五世参加过意大利战争，在这一战中，他率兵打败了反西班牙的联盟军（由法国国王弗朗索瓦一世、教皇和意大利城邦组成）。不仅如此，他还占领了教皇国。

奥斯特鲁维尔战役

公元1567年3月13日，西班牙军队在安特卫普北部的奥斯特鲁维尔大败新教军队，数千新教武装人员及其家属惨遭屠戮。奥兰治亲王威廉虽然愤恨西班牙军队的暴行，但此时并未出兵支援新教。

特伦特委员会（又译脱利腾会议、特伦多会议、特伦特会议或天特会议），是指罗马教廷于公元1545—1563年期间在北意大利的天特城召开的大公会议。是罗马教廷的内部觉醒运动之一，也是天主教反改教运动中的重要工具。

● 塔勒

塔勒是15世纪末以来主要铸造和流通于德意志等中欧地区的一系列大型银币的总称。塔勒的标准：每枚塔勒（即1塔勒）银币重28.0644克，纯度833‰。

> 公元 1572—1573 年，尼德兰的梅赫伦、聚特芬、纳尔登和哈勒姆的居民都曾遭到过西班牙军队的屠杀。

> 阿尔瓦公爵统治时期的尼德兰，哪怕最轻微的怀疑或者仇人的诽谤都可能获罪，而"血色评议会"的判决只会是死刑和财产充公。

突袭荷兰，兵败撤退至法国边境

奥兰治亲王威廉和他的弟弟拿骚的路易因被阿尔瓦公爵迫害而逃到迪伦堡后，就开始着手组建雇佣军，准备对尼德兰进行突袭，并号召人们起来反抗以赶走西班牙人。他们的计划是在公元 1568 年夏季多地一起联合行动反击西班牙人。

蒙蒂尼兵败被俘后被斩首

公元 1568 年 4 月，由维利耶斯·扬·凡·蒙蒂尼率领的 2300 名雇佣军进攻盖尔、鲁尔蒙德市，但由于久攻不下，蒙蒂尼带领的军队溃逃到达尔海姆，和西班牙将军桑乔·阿维拉的军队相遇，蒙蒂尼兵败被俘后被押往布鲁塞尔斩首。

虽然打了一场胜仗，但未能扭转战局

拿骚的路易兄弟在 5 月进攻格罗宁根，但是由于路易兵力不足，未能攻克格罗宁根，而阿尔瓦公爵的西班牙军队则切断了路易的后路。

公元 1568 年 5 月 23 日，路易与弟弟阿道夫在撤退的途中战胜了西班牙军队，歼敌近 2000 人，阿道夫在此战中丧生。

这一战役是奥兰治亲王威廉第一次进军尼德兰行动的第一场胜仗，但此战并未扭转战场局势。

◉ **格罗宁根的马蒂尼塔**

格罗宁根是荷兰东北部城市，约 9 世纪始有人居住，原为农业区，12 世纪时发展成为阿河沿岸重要商业中心。约公元 1282 年加入汉萨同盟。14 世纪时实际上是独立的贵族共和国。公元 1580 年被西班牙占领。

奥兰治亲王威廉兵败，撤退到法国边境

公元1568年6月，奥兰治亲王威廉亲率军队试图夺取列日、马斯和马斯特里赫特，然而阿尔瓦公爵早已获知军情，军队提前驻扎在马斯特里赫特的西部严阵以待。加上奥兰治亲王威廉的盟友配合失当，威廉很快就陷入窘境之中，不得不率军退走。

最终威廉不得不解散了雇佣军，仅剩1200名骑兵和他一起撤退到距离法国边境不远的城市卢森堡。

● 马斯特里赫特的教堂
马斯特里赫特是荷兰东南部城市，位于马斯河畔，靠近比利时和德国。

英语新成语"eat no fish"（不吃鱼）

英格兰女王伊丽莎白一世即位后，宗教问题是个非常重要的遗留问题。为了解决宗教纷争，公元1559年，女王颁布了新的《至尊法案》，重立英格兰国教，与罗马教廷决裂，重申英格兰国王为英格兰教会最高首领。

公元1571年，女王又促使国会通过作为英格兰国教官方教义的《三十九信条》，最终确立了英格兰国教。作为《三十九信条》中的一项规定，英格兰国教摒弃了天主教星期五不准吃肉（在天主教里，星期五不能吃肉，就吃鱼）的斋戒。《三十九信条》在英格兰历史上意义重大，它一直沿用到今天。

英格兰的许多百姓为了表明自己的态度：站在伊丽莎白一世一边与天主教划清界限，他们的一项标志性的做法和口号是"星期五不吃鱼"。

"星期五不吃鱼"又缩略成"不吃鱼"。

再次进攻尼德兰，战况朝着理想的方向发展

在打败了奥兰治亲王威廉之后，阿尔瓦公爵俨然成为尼德兰真正的主人，他在尼德兰的统治更是变本加厉。一方面借助"血色评议会"大肆镇压新教徒，另一方面则开始增加新的税收项目来为西班牙提供资金，这些繁重的税收更加激起了尼德兰人民的不满。

"乞丐军"逐渐聚集到亲王旗下

在军事上，"铁血总督"阿尔瓦公爵虽然取得了陆地上的

伊丽莎白一世成为英格兰女王后，大力扶持海盗为其劫掠财富，这个时期英格兰成了各国海盗的避难所，因此荷兰的"海上乞丐"在这个时期就靠着英格兰的庇护逐渐壮大了起来。

第二章 荷兰独立之路 | 29

> "海上乞丐"主要是由水手、渔夫和码头工人组成的。

伊丽莎白一世终身未嫁,这成为她的政治手段之一。她对待别人的追求从不拒绝,也不同意,做无表态状,这样在国际上拉扯着各方关系,她利用未婚待嫁的身份,对先后向其求婚的西班牙、神圣罗马帝国、法国、瑞典等王室虚与委蛇,以自己的婚姻为筹码,在欧洲大陆各国,特别是法兰西和西班牙这两大强国之间进行权力平衡,为英格兰最大限度地谋求国家利益。

● 英格兰女王伊丽莎白一世

伊丽莎白一世(1533—1603年),是都铎王朝最后一位君主,英格兰与爱尔兰的女王(1558—1603年在位),也是名义上的法国女王。公元1559年1月15日,伊丽莎白正式加冕成为英格兰女王。伊丽莎白一世即位之初成功地保持了英格兰的统一。经过近半个世纪的统治后,使英格兰成为欧洲最强大的国家之一。她终身未嫁,因此被称为"童贞女王"。也被称为"荣光女王""英明女王""海盗女王"。

胜利,但是却面临着海上的侵袭。早期尼德兰反抗暴乱时,"乞丐军"就已参与到不同的战役之中,后来被西班牙军队打散后,他们就开始在海上运输和劫掠物资。由于尼德兰和英格兰贸易往来密切,英格兰的许多港口都成了"海上乞丐"的藏身地,虽然阿尔瓦公爵曾派兵围剿"海上乞丐",但是效果甚微。

随着奥兰治亲王威廉败走之后,原本流散的"森林乞丐"和"海上乞丐"逐渐聚集到他的旗下。

"海上乞丐"攻克了登布里尔后的连锁反应

到了公元1572年,英格兰女王伊丽莎白一世为了改善和西班牙的关系,将"海上乞丐"从英格兰港口驱离。被驱离的"海上乞丐"来到了荷兰海滨的小镇登布里尔。

4月1日,"海上乞丐"攻克了登布里尔,标志着"乞丐军"起义正式爆发。

最初,阿尔瓦公爵并没有把这个消息放在心上,然而接下来起义军的迅速蔓延,超出了阿尔瓦公爵的控制范围。

在登布里尔被"乞丐军"占领之后的几个月中,荷兰、泽兰的许多城市都加入了起义军中。

任命路易为"乞丐军"的统帅,战果颇丰

公元1572年4月14日,奥兰治亲王威廉呼吁尼德兰人民反抗阿尔瓦公爵的残暴统治,并任命他的弟弟路易为"乞丐军"的统帅,开始第二次进军尼德兰。

5月底,"乞丐军"占领了瓦伦西亚和蒙斯。此后不久,荷兰和泽兰的城市中除米德尔堡、

戈斯、阿姆斯特丹仍归阿尔瓦公爵所有外,其余的城市都站在了"乞丐军"旗下。

纳尔登大屠杀

西班牙军队在阿尔瓦公爵之子唐·弗雷德里克的率领下开始反攻,很快就攻占了"乞丐军"控制下的梅赫伦和聚特芬。唐·弗雷德里克纵容军队烧杀抢掠,更是制造了惨绝人寰的"纳尔登大屠杀",这座小城仅有60人活了下来。紧接着,阿尔瓦公爵父子集中兵力围攻哈勒姆。

哈勒姆,勇猛"娘子军"

尼德兰的时局动荡以来,曾坚定支持西班牙国王腓力二世的荷兰西部城市哈勒姆也加入了起义军中,为了免遭西班牙军队屠戮,全员皆兵的坚守城池长达7个月之久,他们不惧死难,全城的男丁都战死之后,当地贵妇克

◎ 蒙斯之战-14世纪战争
蒙斯距布鲁塞尔54千米,距安特卫普100千米。蒙斯历史悠久,是一个充满了沧桑的城市。同布鲁塞尔一样,都曾经遭到过严重的破坏,经历过多次的入侵和围攻。

◎ 荷兰聚特芬城墙

◉ 哈勒姆市政厅

哈勒姆是荷兰最古老的小城之一,多个世纪以来以盛产郁金香而闻名全球,享有"花城"的盛誉。从公元 1630 年至今一直是郁金香的交易中心,郁金香的香气飘散在哈勒姆的每一个角落,让人心旷神怡。

瑙·西蒙斯多赫特·哈舍拉尔还组织了一支由 300 名妇女组成的"娘子军"登城死守,为解哈勒姆之围,奥兰治亲王威廉率领乞丐军封锁了阿姆斯特丹。尽管这些都未能改变哈勒姆被攻克的命运,但是给西班牙军队造成了极大的伤亡。

西班牙军队破城之后,以屠城方式报复当地死守的民众,血腥的屠杀并不能左右时局的变化,尼德兰局势依旧朝着理想的方向发展。

第一次尼德兰自由会议的召开

在奥兰治亲王威廉的努力下,尼德兰起义浪潮此起彼伏,终于在公元 1572 年 7 月 19 日至 23 日,第一次尼德兰自由会议在多德雷赫特的奥古斯丁修道院召开,在这次会议上,来自尼德兰的贵族们讨论了起义的问题,明确表示他们并不反对西班牙国王,而是针对阿尔瓦公爵的暴政,同时认同奥兰治亲王威廉为整个尼德兰反抗西班牙的领导

◉ 第一次尼德兰自由会议会场(奥古斯丁修道院)

多德雷赫特是一个荷兰西部的城市和港口,位于莱茵河和马斯河三角洲的汇合处。

者。这个事件成为八十年战争的开端，荷兰在独立道路上迈出了第一步。

反抗西班牙的队伍有了主心骨，抗争变得更加激烈有序，使得西班牙军队举步维艰。

公元 1573 年 10 月 8 日，疲惫不堪的西班牙军队不得不放弃围攻被乞丐军占领的荷兰北部城市阿尔克马尔，3 天之后，西班牙海军又与"海上乞丐"在须德海爆发了第一次舰队会战，同样以失利而告终。

"铁血总督"阿尔瓦公爵指挥的西班牙军队被奥兰治亲王威廉领导的军队连连挫败，西班牙王室担心会失去对尼德兰的控制，于是在公元 1573 年，西班牙国王腓力二世在尼德兰问题上做了让步，尼德兰的起义开始进入了新阶段，此时，正在指挥围攻莱顿的阿尔瓦公爵因为对尼德兰地区管理不善，被腓力二世召回，灰溜溜地离开了尼德兰。

新任尼德兰总督无法调和宗教矛盾

公元 1573 年 12 月，"铁血总督"阿尔瓦公爵离开了尼德兰，代替他的是路易斯·德·雷克森斯·伊·苏尼加。相对于阿尔瓦公爵，雷克森斯要克制得多，上任伊始，他就宣布除异端者外，其余人等都予以赦免，并废除"血色评议会"和阿尔瓦公爵在尼德兰时期的额外税收。即便如此，雷克森斯

◉ 阿尔克马尔市博物馆外墙的雕刻

◉ 路易斯·德·雷克森斯·伊·苏尼加

依然无法调和天主教和新教之间的矛盾。

莱顿城暂时解围，但是路易和亨德里克阵亡

> 莱顿是荷兰西部城市。在海牙东北16千米。公元922年见于记载，12世纪城市环绕城堡发展，1266年建市。14世纪纺织业和印刷业发达。

雷克森斯接手了阿尔瓦公爵的烂摊子，此时西班牙军队仍然包围着莱顿城，雷克森斯到任后，下令继续增兵，企图一举攻下莱顿城；解莱顿之围也成了奥兰治亲王威廉的头等大事。

公元1574年4月，曾在蒙斯城下兵败的拿骚的路易，率领从德意志招募的5500名步兵和2600名骑兵试图解救莱顿城。

4月13日，拿骚的路易在莱顿城外的穆凯尔海德和西班牙军队相遇，当时西班牙军队有5000名步兵和800名骑兵。

虽然路易占据兵力优势，但是他低估了西班牙军队的战斗力和当地地形带来的不利因素，两军激战一天，西班牙军队伤亡惨重，已经无法构成对莱顿城的包围之势。但是，路易和他的弟弟亨德里克以及3000名士兵却在战争中阵亡。

奥兰治亲王威廉的告诫未能获得重视

穆凯尔海德之战后，奥兰治亲王威廉曾经告诫莱顿市议会，西班牙军队有可能增派重兵围攻已经被包围的莱顿，但

◉ 莱顿古城墙

是莱顿市议会并没有采取进一步行动，守护莱顿的只有城市民兵和一支志愿军，而且城内存粮严重不足。

城内外齐心协力，再次粉碎了西班牙的围困

公元1574年5月25日至26日，西班牙军队在弗朗西斯科·德瓦尔德斯率领下，再次将莱顿城团团围住，并且围而不攻，企图让莱顿城因缺少给养主动投降。莱顿城内军民在市长范·德·韦尔夫的领导下坚守城门，虽然死亡人数不断上升，但是始终不降。

在莱顿城外，奥兰治亲王威廉一边组织军队与围困莱顿的西班牙军队作战；一边不惜毁掉田地，掘开了更多的堤坝，直到莱顿城周围的水深足以行驶平底驳船。10月，"海上乞丐"船队突破封锁，把补给运进了城，眼见围困无望的西班牙人被

◉ 1574年时任莱顿市长的范·德·韦尔夫

◉ 莱顿被围期间的惨况 – 油画

迫撤退。

围攻莱顿城失败是西班牙在尼德兰事业的一个转折点，此后，奥兰治亲王威廉的势力已不可能单单靠武力予以镇压了。

> 据史料记载，在这次西班牙围困莱顿城期间，城中1.8万名居民中有6000人死于饥饿和瘟疫。

尼德兰总督雷克森斯意外身亡

原本"铁血总督"阿尔瓦公爵在尼德兰的时候，就一直使用军队镇压尼德兰人民，军费消耗非常之大，加上当地人抵触西班牙人的血腥统治，所以欠饷问题始终困扰着西班牙军队，然而刚上任的尼德兰总督雷克森斯又让军队吃了败仗，这使得西班牙军队士气更加低迷。

公元1576年3月，尼德兰总督雷克森斯意外身亡，更让西班牙军队陷入混乱。9月，西班牙军队因欠饷而哗变，哗变的军队从尼德兰北部掉头往南，大肆劫掠佛兰德斯和布拉班特，惊慌失措的两省开始和奥兰治亲王威廉联系，请求威廉来重建秩序。

> 半年之后的公元1576年9月4日，布鲁塞尔爆发起义，起义军占领总督府，西班牙在尼德兰的统治机关被推翻。从此，尼德兰革命的中心转移到了南方。

雷克森斯身亡后，西班牙国王腓力二世立刻派兄弟唐·胡安前往尼德兰地区处理危机。

新任尼德兰总督唐·胡安

唐·胡安是西班牙国王腓力二世的父亲卡洛斯一世的私生子，鉴于对父亲的风流债有着复杂的情绪，加上哈布斯堡王朝人丁不旺，所以有个有着血缘关系的手足在，对腓力二世来说也是一份助力。

● 唐·胡安雕像

唐·胡安在公元1571年领导基督教联合舰队击败奥斯曼帝国舰队，取得勒班陀海战胜利。是西班牙全盛时代的著名将军，虽然他勇武、大度，但在处理与腓力二世的关系时颇显不成熟，致使自己的政治生涯未得到全面的展开。

唐·胡安是个有将才的年轻人

唐·胡安比腓力二世年轻20岁，在勒班陀海战中显示出他的卓越军事才能，对于这个兄弟，腓力二世既想重用，又怕会危及自己的子孙，所以他对唐·胡安的策略一直就是"用而不封，信而不宠"。

对于腓力二世的担忧，唐·胡安心中明了，得到腓力二世的命令后，他穿过正深陷宗教战争的法国领土，来到了唯一忠于西班牙的尼德兰行省——卢森堡。

> 卢森堡位于欧洲西北部，东邻德国，南毗法国，西部和北部与比利时接壤。公元1556年，转归西班牙王国统治。16世纪末起，卢森堡的冶铁业开始发展起来。17世纪，卢森堡卷入三十年战争。如今是卢森堡大公国，也是现今欧洲大陆仅存的大公国，首都卢森堡市。因国土小、古堡多，又有"袖珍王国""千堡之国"的称呼。

西班牙哗变的军队改变了谈判的进程

公元1576年10月，唐·胡安来到卢森堡后，答应了与起义军的谈判。

谈判进展很顺利，但是一起突发事件改变了谈判的进程。11月4日，哗变的西班牙军队攻入安特卫普，8000多名安特卫普居民在骚乱中被杀，数千栋房屋被焚毁。安特卫普事件迅速激起了尼德兰人民的反抗，起义此起彼伏。11月8日，以奥兰治亲王威廉为代表的荷兰、泽兰及其他同盟为代表的一方与南方诸省（含乌特勒支，不含卢森堡）签署了《根特和平协定》。协定达成了如下共识：

一是恢复奥兰治亲王威廉在阿尔瓦公爵到达之前作为荷兰、泽兰、乌特勒支摄政王的身份，并待总议会予以确认；

二是在总议会出台新的法律之前，取消反异教敕令，并停止敕令的执行。

三是释放被"血色评议会"关押的囚犯，返还被充公的财产。

◎ 卢森堡市地标建筑——库尼贡德雕像

卢森堡是一个高度发达的资本主义国家，人均年收入超过10万美元，是全球人均收入最高的国家。卢森堡的失业率非常低，人民的生活水平很高，人均寿命超过了80岁，在全球来说都是独一无二的。

四是除了荷兰、泽兰早已禁止天主教活动之外的省份，禁止罗马天主教的任何活动。

11月9日，西班牙人首先从根特被驱逐，接下来安特卫普、布鲁塞尔、埃因霍温、格罗宁根、哈勒姆、马斯特里赫特、乌特勒支等地的西班牙政府军按照新任荷兰总督唐·胡安的命令相继撤离。

《永久法令》

公元1577年，唐·胡安开始和尼德兰诸省代表进行谈判，并于2月17日签署了《永久法令》。

《永久法令》

《永久法令》的主要内容包括对《根特和平协定》予以肯定，尼德兰各省份承认腓力二世为国王，认可唐·胡安为尼德兰总督。同时承诺尊重和维护天主教。而西班牙则承诺撤走除卢森堡之外的所有驻军。

并没有解决根本问题

《永久法令》签署之后，西班牙国王腓力二世便将步兵撤往意大利。但是这个法令并没有解决根本问题，唐·胡安一意孤行要求各个省份必须恢复天主教，针对这一举动，荷兰和泽兰率先抗议并退出了谈判，拒绝承认唐·胡安的总督权威，而且已经尝到了独立做主甜头的尼德兰人民，不愿意放弃获得的权利，故而与唐·胡安处处为难。

同年7月，唐·胡安召回了派往意大利的西班牙军队，准备对北方各省下手。与此同时，帕尔马公爵亚历山大·法尔内塞被派往尼德兰镇压起义。不久，唐·胡安去世，法尔内塞继任尼德兰总督。

帕尔马公爵亚历山大·法尔内塞，是曾任尼德兰女总督的玛格丽特的儿子。公元1571年作为唐·胡安的副官，在勒班陀海战中大破奥斯曼帝国海军，翌年返回帕尔马领地，后随唐·胡安赴尼德兰，镇压当地爆发的资产阶级革命（尼德兰革命）。

◉ **帕尔马公爵亚历山大·法尔内塞**

帕尔马公爵亚历山大·法尔内塞（1545—1592年），西班牙全盛时期最伟大的将领之一。西班牙腓力二世的尼德兰摄政，对保卫西班牙尼德兰领地起过决定性的作用。收复了起义的17个省中的南方10省，其领地组成了今天的比利时。

法尔内塞继任尼德兰总督

帕尔马公爵亚历山大·法尔内塞在尼德兰充分展示了其军事才华和政治天分。

导致南北分裂

法尔内塞在尼德兰一方面在军事上对起义军予以沉重打击，另一方面则采取分化瓦解的策略，利用尼德兰南北省份之间的利益冲突，导致南北分裂。

法尔内塞的分化手段首先在南方取得了效果，他先确保以天主教贵族为核心的南部省份的权利和自由，并做出各种承诺。公元1579年1月，法尔内塞成功策反与北部分离的阿多瓦和海诺特等10个南方省，在阿拉斯城（今属法国）结成奉天主教的阿拉斯同盟，规定在保持南方各省的特权和任命地方贵族担任官职等条件下，效忠西班牙国王，共同镇压革命。

乌特勒支同盟

在这种情况下，为了保护南北战役的战果，北方六省（盖尔德兰、苏特芬、荷兰、西兰、乌特勒支、弗里斯兰）和南方部分城市（布拉班特、弗兰德尔新教徒的代表）于公元1579年1月23日在乌特勒支城达成协议，宣布"更加紧密地结成同盟"，永不分裂，即乌特勒支同盟。从此奠定荷兰共和国的基础（1594年，格罗宁根省加入，总共有七省），称尼德兰联省共和国。同盟在乌特勒支大教堂签

◉ 让布卢战役－刻板画

公元1578年帕尔马公爵亚历山大·法尔内塞参与让布卢战役，击溃尼德兰起义军。同年继任尼德兰总督，这样，法尔内塞在34岁便开始了一个光辉的历程。

◉ 乌特勒支同盟时期的硬币

第二章 荷兰独立之路 | 39

◉ 乌特勒支同盟壁画

乌特勒支同盟政府之间是相互独立的，之后各省筹组荷兰国家议会作为中央机关，正式成为一个联邦国家，议会会址设于海牙。

署了乌特勒支同盟成立条约，条约规定：同盟对外是一个统一运作的整体，对内各省具有自己的特权；同盟的军队统一成一体；在地区斗争中各省互相帮助，一致行动；统一征税；城市驻军费用由同盟承担；荷兰和泽兰确立个人的宗教信仰自由，其他省份可以自由选择宗教和实行独立的宗教政策。

奥兰治亲王威廉被刺杀

公元1581年7月26日，奥兰治亲王威廉在海牙会议上宣布废黜腓力二世，单方面宣告脱离西班牙独立，此即著名的《誓绝法案》。该法案的前言中说："人人皆知，上帝命令君主珍爱其臣民，犹如牧人看管羊群。当君主没尽到这个职责，当他压迫其臣民，践踏他们的权利和自由并待之若奴隶时，那他就不是君主而是暴君。这样，三级会议应合法地废除他，而代之以别人。"奥兰治亲王威廉就任新国家的首任执政。

◉ 乌特勒支大教堂

此大教堂位于乌特勒支的中心，紧挨着大教堂塔楼。这个教堂是荷兰唯一一座类似哥特式建筑风格的教堂，它的塔楼是乌市的最高点。教堂的花窗图案很精致，色彩很绚丽，五彩玻璃窗上讲述着一个个不同的故事。

○ 枪杀奥兰治亲王威廉 - 刻板画

> 这时的葡萄牙国王恩里克去世，葡萄牙王位的继承人选中就有西班牙国王腓力二世。于是此期间腓力二世根本无暇顾及尼德兰的动乱，给了尼德兰独立的契机。

> 公元1580年，随着腓力二世吞并了葡萄牙之后，西班牙的国力到达了顶峰。

公元1584年，奥兰治亲王威廉在诸省代表及贵族大臣的一致拥戴下，正式加冕为"荷兰、泽兰伯爵"，成为尼德兰联省共和国（俗称荷兰共和国）首任执政。不料在加冕前两天的7月10日，奥兰治亲王威廉在家中被腓力二世派遣的刺客热拉尔刺杀，享年51岁。

此次加冕，奥兰治亲王威廉的统治版图虽然没有明显的变化，但这是将乌特勒支同盟从共和属性带进世袭领地的关键一步，尼德兰人民本来还在期待他有更大表现的时候，却被刺客刺杀了。其子拿骚的莫里斯成为奥兰治亲王。

奥兰治亲王威廉被枪杀始末

因为奥兰治亲王威廉领导尼德兰人反对西班牙人的统治，公元1580年，西班牙国王腓力二世将威廉列为全国头号通缉犯，悬赏2万5千枚金币要他的性命。

高额赏金就会诱惑到亡命之徒。公元1582年3月18日，奥兰治亲王威廉在安特卫普遭到让·雅鲁盖伊（Jean Jaureguy）射杀，所幸子弹从右耳下方射入，从左脸颊穿出，通过治疗后，很快康复，刺客被侍卫当场捕杀。

公元1584年，奥兰治亲王威廉被选为尼德兰联省共和国首任执政的前两天，勃艮第人热拉尔受到巨额赏金和宗教狂热的吸引，找到法尔内塞（西班牙方面对荷兰作战的总指挥），表示愿意刺杀奥兰治亲王威廉。法尔内塞不相信他能成功，遂拒绝预支他些许赏金。但答应他如果成功，会给他全部赏金。

热拉尔伪装成贫穷而虔诚的加尔文教徒，接受奥兰治亲王威廉2个银币的施舍后，近距离射杀了他。当子弹射入奥兰治亲王威廉身体时，他大声喊道："上帝啊，怜悯我的灵魂，怜悯这个年轻人吧。"

热拉尔被捕，他对行刺的成功感到欣慰，随后被处以极刑。

第二章 荷兰独立之路 | 41

> 这场战争可以说是葡萄牙海洋帝国寿终正寝之战。虽然葡萄牙贵族在60多年后终于赶走了日落西山的西班牙宗主，但重新获得独立的他们再也没有机会去恢复先辈的荣光了。

西班牙舰队在亚速尔群岛大获全胜

公元1580年，随着葡萄牙本土被西班牙兼并，葡萄牙残余势力继续反抗西班牙国王腓力二世。一支拥有60艘战舰，以法国人为主，尼德兰、英格兰和葡萄牙等多国志愿者组成的联合舰队集结起来。

此时，印度、巴西等葡萄牙海外领地已经陆续归附了西班牙，只有亚速尔群岛中的7个岛屿拒绝归顺。亚速尔群岛位于西班牙的新大陆运宝船回程的必经之路上，位置非常重要。

公元1582年6月，西班牙海军派出舰队在亚速尔群岛附近打败了这支联合舰队，这场战役震惊了整个欧洲。

● 西班牙运宝船——壁画
西班牙运宝船又叫"盖伦"帆船，因被西班牙用作在大西洋中运输财宝、黄金而得名。其一般有4桅，前面两桅挂栏帆，后两桅挂三角帆。一般标准长度为46～55米，排水量300～1000吨，有几层统长甲板，舟尾楼很高。有较好的续航力，在很长时间内是世界上最大的海船。

◉ 亚速尔群岛上的堡垒

公元 1580—1640 年，亚速尔群岛与葡萄牙其他地方一样曾隶属西班牙，该群岛曾是西班牙运宝船队从西印度群岛返航途中的集结地，因而成为伊丽莎白一世统治下的英格兰与西班牙和葡萄牙之间海战的战场。

第三章
荷兰走上了独立发展的道路

西班牙在亚速尔群岛大获全胜后，使得葡萄牙的反对势力彻底瓦解，这时西班牙腾出精力继续处理尼德兰的问题，荷兰则走上了独立发展的道路。

英格兰助阵荷兰

英格兰出兵支援乌特勒支同盟

公元 1584 年 7 月，帕尔马公爵亚历山大·法尔内塞率领军队占领了尼德兰的安贝雷斯，随即英格兰出兵支援乌特勒支同盟，成为尼德兰起义者们的保护者。

公元 1585 年，英格兰与荷兰签订《楠萨奇条约》，支持荷兰反抗西班牙帝国的统治。这个时期的英格兰正与西班牙在海上较量，所以帮助荷兰对抗西班牙，也是在扶持西班牙的对手。从此之后，英格兰和西班牙之间的战争也是此起彼伏，俗称英西战争（1585—1604 年）。

公元 1585 年，伊丽莎白一世与荷兰签订《楠萨奇条约》，同意提供人力、马匹支持荷兰对付西班牙。西班牙国王腓力二世将此视为英格兰对西班牙宣战。

◉ 英西战争之前的女王城堡

◉ 英西战争－萨默郡会议
英西战争(1585—1604年)，指西班牙帝国与英格兰之间未经正式宣战的间歇性冲突。英西战争由多场大范围战役组成。

在海上，荷兰和英格兰的私掠船切断了西班牙通往尼德兰的海上通道，并使战火扩大到西非和加勒比海。

在陆地上，英格兰对西班牙新大陆的入侵，使得西班牙国王腓力二世面临新的威胁。

莱斯特伯爵接受了总督的称号

尽管拿骚的莫里斯接替其父奥兰治亲王威廉被选为新的领袖，但是乌特勒支同盟三级会议却反对世袭而坚决推行共和，并决定邀请英格兰国王伊丽莎白一世来接管尼德兰。伊丽莎白一世拒绝了乌特勒支同盟的邀请，但派出宠臣莱斯特伯爵罗伯特·达德利和一小支军队来到荷兰协助。罗伯特·达德利一到荷兰，就违背了伊丽莎白一世的意愿，接受了"尼德兰总督"的称号。

英格兰与西班牙为敌的原因

西班牙是15—16世纪的海上霸主，到16世纪下半叶，英格兰完成统一后也开始推行殖民扩张政策，两国间爆发了争夺海上霸权的激烈战争。西班牙拥有庞大的舰队，英格兰起初不敢正面交锋，遂采取海盗手段掠夺其财富，打击西班牙力量。

西班牙试图报复，组织暗杀英格兰女王伊丽莎白一世，扶植前苏格兰女王玛丽上台，但阴谋被伊丽莎白一世破获，公元1587年她处死了玛丽，同年，英格兰海盗公然袭击了西班牙本土港口，抢劫了西班牙国王的私人运宝船，西班牙因此决定征服英格兰。

罗伯特·达德利接受了总督的称号，那就意味着尼德兰与

第三章 荷兰走上了独立发展的道路

英格兰更亲近，随后，罗伯特·达德利想改革荷兰不完善的制度，整顿财政和海军。但是他很快与荷兰省议会闹僵，在经过一系列的斗争之后，罗伯特·达德利黯然离去。

奥兰治亲王莫里斯当选为荷兰省执政官

罗伯特·达德利走后不久，乌特勒支同盟三级会议决定放弃邀请外国君主成为荷兰之主的意愿，至此荷兰才走上了独立发展的道路。

公元1588年，年轻的奥兰治亲王莫里斯当选为荷兰省执政官，后来陆续被选为泽兰、乌特勒支、上阿尔瑟和海兰德兰等省的执政官。此后，莫里斯、弗雷德里克·亨德里克和约翰·范·奥尔登巴内费尔特组成荷兰共和国三人执政团，莫里斯成了荷兰共和国执政官之一，同时出任陆海军总司令，巩固了尼德兰北方各省的反西班牙力量。

年轻的执政官及他治下的10年

莫里斯曾在海德堡读书，后来又在莱顿学习，这位年轻的荷兰执政官在学习期间表现优异，曾得到了工程师、数学家西蒙·斯特芬的教导，在数学、弹道学和军事工程学上颇有造诣。

◉ 弗雷德里克·亨德里克
弗雷德里克·亨德里克是奥兰治亲王威廉之子，是莫里斯的弟弟。

约翰·范·奥尔登巴内费尔特是荷兰共和国执政官之一，因和莫里斯政见不同，后来被莫里斯逮捕杀害。

◉ 奥兰治亲王莫里斯
奥兰治亲王莫里斯又叫作拿骚的莫里斯，著名的军事改革家和将领，他重新在欧洲复活了职业军队。被公认为近代欧洲职业化军队的鼻祖。

军事改革：成为当时欧洲最现代化的军队

在莫里斯执政之初，荷兰没有常备军制度，要打仗的话只能靠临时征召的封臣或者雇佣兵。荷兰的军队主要组成是雇佣军和来自苏格兰、英格兰、法兰西的志愿军，因此荷兰各省要付出大量的金钱，才能保证这些军队在作战中发挥战斗力，而且这些雇佣军还存在短期、解散和轮换等问题。

为了解决荷兰军队的战斗力靠金钱刺激的问题，莫里斯进行了军事改革。

对军队进行改革

莫里斯首先推行长期服役制度，并且定期给军队发饷，严格军纪，从而稳定了军心，增强了战斗力。

其次是对步兵队形进行了改革。当时西班牙军队以团为战斗单位，莫里斯则将战斗单位缩小到连，并且对火枪兵的位置进行改变。改革之后的荷兰军队阵形，可以从各个角度灵活地攻击西班牙军队，即使在近战中仍能进行有效射击，杀伤敌人。

研究战略战术以应对攻城

莫里斯成为荷兰陆海军总司令之后，尼德兰地区还有很多城市被西班牙占领，为了夺回这些城市往往需要花费大量的时间。莫里斯通过研究以往的城市攻防战战例，发明和革新了许多战略战术，可以缩短攻城所需要的时间。

◉ 中世纪雇佣兵

中世纪重骑兵和弓箭手的组合年薪为40英镑。重骑兵以及弓箭手获得的战利品1/3要上交；如果俘虏了敌方队长或首领后上交，俘获者可以获得一笔可观的赏金。每个重骑兵都需要有担保人，如果重骑兵违约，他们的担保人要支付2～4倍工资的违约金。

莫里斯改革后，连队的建制从以往的150人缩编到80人，包括40名滑膛枪步兵和40名长矛兵。

第三章 荷兰走上了独立发展的道路

◎ 中世纪火枪（滑膛枪）

重视新武器的研究和地图的使用

莫里斯在军事改革的过程中，还非常重视新武器的研究和地图的使用。比如，毒气和炸弹在战场上开始使用，军用地图的绘制精准度越来越高，双筒望远镜成为侦察敌情的必备利器。这些做法都领先于同时代其他军事家。

莫里斯的军事改革最终使荷兰军队成为欧洲当时最现代化的军队，有力地保证了新生共和国的茁壮成长，为莫里斯在执政的最初10年的所向披靡奠定了基础。

◎ 荷兰式望远镜—1624年版画

公元1624年，一幅绘有手持荷兰式望远镜"Dutchtelescope"的版画。欧洲人在中世纪中期就开始研究透镜，大约在公元1300年意大利就开始使用眼镜；公元1450年前后，透镜被用于制造矫正近视用的近视眼镜。荷兰人在制造透镜方面很有技巧，莫里斯更是将透镜设计成单筒望远镜，后来又做出了双筒望远镜，出于军事机密考量，莫里斯曾试图对望远镜进行技术封锁。但是这个技术没能封锁多久，就被伽利略学会，并且做了出来送给了威尼斯。

◉ 西班牙无敌舰队战舰

西班牙无敌舰队是西班牙 16 世纪晚期著名的海上舰队。无敌舰队是一支约有 150 艘以上的大战舰、3000 余门大炮、数以万计士兵的强大海上舰队，最盛时舰队有千余艘舰船。这支舰队横行于地中海和大西洋，骄傲地自称为"无敌舰队"。

辉煌的 10 年

荷兰在莫里斯统治下最辉煌的 10 年是公元 1588—1598 年的这段时间。在战场上，荷兰军队节节胜利，在北部和东部都使得共和国的领土有所扩张。尤其是公元 1591—1597 年期间，莫里斯凭借着高超的军事才能在当时的欧洲声名鹊起。

> 人们现在都还以伽利略的名字将物镜为凸透镜、目镜为凹透镜的望远镜命名为伽利略望远镜。

西班牙无敌舰队被英格兰歼灭，丧失了制海权

公元 1588 年，莫里斯开始统领荷兰共和国的陆海军。而此时英格兰海军和西班牙无敌舰队正在交战，当时西班牙的尼德兰总督法尔内塞在尼德兰组织了一支 2 万人的军队，准备渡海远征英格兰。但还没来得及出征，就传来了西班牙无

敌舰队被英格兰海军彻底击溃的消息。西班牙自此丧失了制海权。法尔内塞的远征计划泡汤。

荷兰的威胁并没有解除，莫里斯选择主动出击

公元1589年，法尔内塞奉命调往法国参加法国宗教战争（第八次宗教战争期间），支持那里的天主教派，尼德兰境内的西班牙势力大减。这对莫里斯来说绝对是天赐良机。即便如此，对于新生的荷兰共和国来说，形势依然严峻，一方面西班牙军队对荷兰的威胁并没有解除，另一方面国内的叛乱时有发生。

原本有英格兰军队协助驻防的一些荷兰城市，如今落到了西班牙的手里，这对荷兰来说是一个严重的威胁。为了打破困局，莫里斯选择主动出击。

莫里斯势力的逐步壮大

公元1590年，莫里斯向西班牙军发动攻击，目标是被西班牙控制的尼德兰的布雷达。小城布雷达地势险要，易守难攻，但是莫里斯发现这座城市中运输泥炭的驳船并不受西班牙军队的检查，因此他命令士兵乔装打扮成泥炭驳船运输队混进

> 公元1589年，法国宗教战争（第八次宗教战争期间）又起，腓力二世命令帕尔马公爵亚历山大·法尔内塞移兵法国，支援天主教的吉斯家族，阻止新教的纳瓦拉的亨利（后来的法王亨利四世）称王。因战事不顺，君主的多疑使得法尔内塞一病不起，公元1592年年底死于阿拉斯。

● 法国宗教战争－油画

50 | 荷兰与海洋文明

◉ **布雷达大教堂**

布雷达大教堂在历史上经历过被焚烧、重建、又破坏、再重建的过程,如今它依然挺立在布雷达的中心。教堂为典型哥特式建筑,内部设计精美,同荷兰北部的教堂风格有着较大的差别,更倾向于法国、比利时风格。

城中,里应外合拿下了布雷达。借助布雷达之战胜利之势,莫里斯又迅速攻下了斯海尔托亨博斯、海德尔和奥斯特豪特。随着莫里斯势力的逐步壮大,荷兰军队的战斗力也越来越强。

整个尼德兰北部完全纳入了共和国版图

公元 1591 年,莫里斯将目标对准了当年支援共和国的英格兰军队久攻不下的聚特芬,他同样采取里应外合的手段,仅用了 7 天就拿下该城。莫里斯的军队继续向北进发,仅用了 11 天就攻下了达文特。莫里斯的攻城战术效果显著,最终占领了奈梅亨。

接下来,莫里斯把目标对准了支持西班牙的尼德兰北部城市格罗宁根。

> 布雷达坐落于荷兰南部的北布拉班特省,在马克河和阿河的汇合处,是一个有着悠久历史的城市。

第三章 荷兰走上了独立发展的道路 | 51

从大约16世纪开始，欧洲城堡的样式发生了变化，与之前的城堡相比，它们的外墙变得更加厚重，而外形则变得相对低矮。同时，这些城堡还配备了炮位，以便轰击成群结队的攻城者，后来还出现了更为复杂的棱堡，但即便如此，属于城堡的时代也渐渐远去了。

从公元1592年开始，莫里斯首先将目标对准了格罗宁根的外围城市，经过一系列战役，格罗宁根外围城市被扫清，格罗宁根暴露在了莫里斯的枪口之下。公元1594年7月，被围困两个月之久的格罗宁根选择投降，至此，整个尼德兰北部完全纳入了荷兰共和国版图之内。

莫里斯达到了10年中的军事巅峰

公元1594—1596年，随着北方诸省的稳固，莫里斯将目标转向了南方诸省。此时的莫里斯进一步深化军事改革，加强训练，荷兰军队日益强大。公元1597年，荷兰共和国军队和西班牙军队在图霍特展开激战。莫里斯率领的7000人打败了6000人的西班牙军队。西班牙军队有2000名官兵战死，500人被俘，而莫里斯的军队只有100人战死。莫里斯的军队取得了此次战役的重大胜利，这时的莫里斯也达到了10年中的军事巅峰。

纽波特之战

公元1600年，随着荷兰共和国军队一波波的胜利，在荷兰沿海仍有两个重要的港城依旧被西班牙控制着。这两个港城是荷兰共和国海洋贸易的咽喉所在，一个是敦刻尔克（现属法国），另一个是纽波特。西班牙凭借这两个港口，经常

● 敦刻尔克战役纪念墙
敦刻尔克是法国东北部靠近比利时边境的港口城市，城市名来自荷兰语，意为"沙丘上的教堂"。该地传统上使用荷兰语的西佛兰德斯方言。历史上的敦刻尔克多灾多难，曾遭到多次大的破坏。使其出名的并不是荷兰与西班牙的这一战，而是第二次世界大战中1940年发生的敦刻尔克战役和英法军队"敦刻尔克大撤退"，后者被称之为"敦刻尔克奇迹"。

对荷兰的航运进行封锁和破坏，拿下它们对荷兰共和国的海洋贸易无比重要，当然，困难也无须多言。

荷兰共和国的三人执政团经过激烈讨论之后，终于确定了一个进攻方案，由莫里斯率兵前往佛兰德斯沿海地带，目标直指敦刻尔克和纽波特。

莫里斯率领的军队包括1.3万名步兵、3000名骑兵，还有1300艘战船组成的舰队，著名将领有拿骚的威廉·路易斯、路易斯·冈瑟和莫里斯的弟弟弗雷德里克·亨德里克。

公元1600年6月21日，莫里斯带兵渡过伊瑟河，准备于7月1日围攻纽波特。在围攻纽波特之前，莫里斯获悉西班牙的尼德兰新任总督阿尔布雷希特七世将于7月2日带领西班牙军队支援纽波特。

于是，莫里斯派遣了一支小部队，前去占领西班牙军队必经之路上的莱芬盖桥，以阻击西班牙军队支援纽波特。可惜这支荷兰军队被莱芬盖桥上的西班牙守军消灭。

就在莫里斯指挥荷兰海军将要攻下纽波特时，西班牙的援军在阿尔布雷希特七世带领下，通过了莱芬盖桥来到了纽波特。这支西班牙军队的到达，使得荷兰军队被迫后撤。危难之际，莫里斯下令预备队出击。

◉ 雕像：战马上的阿尔布雷希特七世

阿尔布雷希特七世（1559—1621年），哈布斯堡王朝的奥地利首席大公，布拉班特公爵，低地国家的总督（1595年起）和至高无上的统治者（1598年起）。是神圣罗马帝国皇帝马克西米利安二世的第七子，生于维也纳的诺伊施塔特。西班牙国王腓力二世是其堂叔兼舅舅。

纽波特位于威尔士东南，布里斯托尔湾北岸，乌斯克河畔，靠近英格兰。纽波特整体以低地为主，甚少山脉，东、南部多为沼泽地。

第三章 荷兰走上了独立发展的道路 | 53

● 纽波特之战 - 油画

八十年战争被西班牙帝国称之为低地国叛乱。战争发生于1568—1648年，是尼德兰联邦反抗西班牙帝国统治所展开的战争。与西班牙帝国不同，荷兰共和国所属尼德兰联邦本来较为松散，因为此战争，尼德兰联邦出现了前所未有的团结。

在猛烈炮火的支援下，荷兰军队击溃了西班牙军队。接下来，荷兰军队全面反攻，西班牙军队难以抵挡荷兰军队的攻势，四处逃散。

荷兰军队虽然取得了这场战役的胜利，但后方运输线仍受到西班牙军队的威胁，不得不放弃攻占纽波特的计划。

纽波特之战是八十年战争中颇具特色的战役，它是一场艰巨的攻坚战，尽管荷兰取得了胜利，但就整个战局而言则是一场惨败，因为它导致荷兰共和国在南部的进展戛然而止。

十二年的休战

打到如今，荷兰共和国与西班牙帝国的陆海军连绵不绝的战斗已经不可计数了，双方都筋疲力尽。

两起事件促成了休战

牢不可破的奥斯坦德城投降

荷兰共和国控制的城市越来越多，其中就包括奥斯坦德。

八十年战争是近代史上新生力量战胜腐朽力量、弱国打败强国、小国打败大国的典型事例，是历史上第一次成功的资产阶级革命，这使得荷兰成为世界上第一个资产阶级掌握政权的国家。

54 | 荷兰与海洋文明

奥斯坦德周围布满了沼泽、沟渠和湖泊，并且具有强大的防御工事，它一度被认为是牢不可破的。

西班牙与荷兰之间战争不断，大部分时间都是荷兰军队在攻占西班牙控制的城市，而这次则不同。

尼德兰新任总督阿尔布雷希特七世在纽波特之战中虽然战败，但是就整个西班牙和荷兰的战局而言却是胜利的。这让其更有信心反扑。

公元1602年1月，阿尔布雷希特七世率约1万名西班牙步兵袭击了荷兰控制下的西佛兰德斯的奥斯坦德，没想到守城士兵们借助地理环境和防御工事，很轻松地就打败了来犯的西班牙军队，西班牙人遭受了沉重打击。

之后，西班牙的斯皮诺拉侯爵接替阿尔布雷希特七世，继续围攻奥斯坦德，他根据奥斯坦德的地形特点，命令部队在沼泽地里布置柴捆作为掩体，掩护部队进攻，并亲自带领将士冲锋，于公元1604年9月攻破了奥斯坦德，牢不可破的奥斯坦德城投降了。

这让荷兰人士气跌落，厌战情绪蔓延。

西班牙分舰队遭到严重损失

在海上，西班牙控制的区域一直遭到英格兰海盗骚扰，如今崛起的荷兰也在海上接连打击西班牙舰队，还渗入西班牙和葡萄牙的殖民地，开始形成一个对抗势力。

> 公元1595年，西班牙国王腓力二世任命阿尔布雷希特七世为尼德兰总督，并迫使他与自己美丽干练的长女伊莎贝拉·克莱拉·尤金尼亚公主结婚，婚后，腓力二世于公元1598年把尼德兰划成一个名义上独立的主权国家，由这对夫妇统治。

● **斯皮诺拉侯爵**

斯皮诺拉侯爵（1569—1630年），出身于意大利的城邦热那亚共和国一个显赫的家族，西班牙名将。在奥斯坦德围城战中，他证明自己的能力不亚于他的对手——当时著名的军事家、荷兰陆海军总司令奥兰治亲王莫里斯。1604年奥斯坦德被他攻陷，斯皮诺拉被任命为驻荷兰的西班牙军队总司令。

第三章 荷兰走上了独立发展的道路 | 55

◉ 商品包装盒上的约翰·范·奥尔登巴内费尔特

约翰·范·奥尔登巴内费尔特，尼德兰联省共和国首相、大议长，杰出政治家。是继沉默的威廉之后的第二个荷兰独立之父。

他29岁步入政坛，在仕途上平步青云，积极促成了乌特勒支同盟的建立，并获得了荷兰独立之父威廉的首肯。公元1586年3月16日，他成了"荷兰土地拥护者"的议长，甚至一度总揽了荷兰的大小事务。

以奥尔登巴内费尔特为代表的一派认为连年战争消耗过大，应该休养生息，当西班牙提出和谈意向时，他积极促成了与西班牙正式达成《十二年休战协定》。虽然使尼德兰迎来了和平，但奥尔登巴内费尔特与莫里斯不和的种子却也就此埋下。

公元1602年，约翰·范·奥尔登巴内费尔特创立了荷兰东印度公司，并于公元1607年率领荷兰舰队袭击了直布罗陀港，使驻泊该港的一个西班牙分舰队遭到严重损失。西班牙在当年财政破产。

经过这两场战役，西班牙已经筋疲力尽，不得不坐在谈判桌前；而荷兰共和国民众对于持久的战争也产生了厌战情绪，于是就有了十二年的休战期。

这时，作为荷兰陆海军总司令的莫里斯并不主张停战，而是希望继续通过战争扩大控制区，但是无奈国内民众厌战情绪高涨。

双方各有让步，签订了《十二年休战协定》

公元1608年2月7日，双方在荷兰海牙的宾内堆夫宫正式举行谈判。

◉ 宾内堆夫宫

此外，法国、英格兰、丹麦王国、勃兰登堡和科隆选帝侯也派出了代表，在会谈期间，只有英格兰和法国代表坚持到了会谈结束。

这场和谈历经半年时间，到8月25日谈判结束，会谈期间，为了保护西班牙的利益，西班牙代表要求荷兰停止在赤道以南的所有海上贸易，这样的要求是荷兰所不能答应的，并且荷兰还拒绝了西班牙提出的天主教在荷兰共和国的传教问题，认为这是对荷兰共和国宗教自由和内政的干涉。最后在英、法两国代表的调解下，双方同意搁置分歧。

公元1609年4月9日，双方代表在安特卫普市政厅签署了休战协议，即有名的《十二年休战协定》，也叫《安特卫普条约》。

《十二年休战协定》的主要内容包括：哈布斯堡王朝同意在休战期间将荷兰联合省视为独立国家，但在行文表述上却

◎ 安特卫普市政厅

◎ 在安特卫普市政厅签订条约－刻板画

第三章 荷兰走上了独立发展的道路 | 57

闪烁其词。在休战的十二年之内，双方自协定签署之日起在所控制的范围内行使主权，双方军队不得在对方领土上行动，释放战争期间扣押的人质，停止海上的劫掠活动。恢复正常贸易活动，无论哪一方的商人和海员都应得到对方的保护，英格兰商人和海员也享有此种权益。任何一方的居民都不会因为宗教信仰而被起诉，其他犯罪行为除外。荷兰同意结束对弗兰芒海岸的封锁，但拒绝允许对方在斯海尔德河上自由航行。

休战期间的荷兰经济发展

休战对于荷兰来说，最直接的好处是作为主权国家得到了欧洲国家的承认。为了纪念对荷兰独立的承认，约翰·范·奥尔登巴内费尔特专门设计了新的荷兰共和国徽章。

荷兰独立获得各国认可与支持

休战后不久，荷兰就在巴黎和伦敦获得了全面的大使级地位，还与威尼斯、摩洛哥和奥斯曼帝国建立了外交关系，并在许多主要港口设立了领事馆。

公元 1609 年，法国和英格兰签署了一项条约，以保障荷兰共和国的独立。曾经与腓力二世殊死为敌的英格兰女王伊丽莎白一世已经去世 6 年了，但是英格兰与西班牙为敌的政治策略却被传承了下来。公元 1614 年，荷兰和汉萨同盟签署了一项防御协议，旨在保护自己免受丹麦人的侵略。

海外殖民迅速扩张

军事上，荷兰的殖民扩张进一步展开，荷兰东印度公司在印度尼西亚的索洛岛上建立了据点，在印度尼西亚有了立足之地。在新大陆，荷兰进一步鼓励殖民。这一时期的荷兰海军和商业船队迅速扩

◉ 荷兰东印度公司的外墙壁画

张，特别是在地中海更是一帆风顺。虽然荷兰和美洲的贸易禁运已经结束，但是美洲的西班牙殖民者却自行颁布非正式的禁令，限制了荷兰与加拉加斯、亚马孙的贸易。

国内经济得到迅猛发展

当荷兰解除了对安特卫普、弗兰芒海岸的封锁后，各国商人纷纷来此贸易，使得弗兰芒的纺织业得到了迅猛发展；由于海外贸易的繁荣，代尔夫特成了有名的酿酒业中心，而莱顿、高达则成了纺织业的生产中心。

休战期间的荷兰国内局势

在休战期间，荷兰出现了两个对立的宗教派别——抗辩派和反抗辩派，这两个派别在宗教、政治上都有分歧。

◉ 荷兰国徽

荷兰国徽上部是一顶红色貂皮华盖，如开启的幕布，下部嵌有一条写着威廉亲王的法语誓言"我将一如既往"(Je Maintiendrai!)的蓝色饰带，两只跨立的金狮翘着尾巴，口吐红舌守护着一面蓝色盾徽。

荷兰国徽的原型是奥兰治－拿骚王室的家徽。公元1815年荷兰王国成立时，王室家徽变成了荷兰国徽。

荷兰国徽中间蓝色的盾徽顶部是威廉一世御玺上所用的王冠；盾徽中央绘有一只头戴王冠的金狮，右前肢挥舞着一把出鞘的利剑，左前肢挥动一束金色箭翎，它们象征着国王权力。蓝色盾面上布满金色的小长方块，这些小块来源于草地牧区的贵族对沃尔姆斯大主教的诉讼，为了庆祝胜诉和独立，贵族们便在纹徽上增加了这些长方形小块以象征自由。

第三章　荷兰走上了独立发展的道路

两派不同的支持者

抗辩派的代表人物是神学家雅各布斯·阿米纽斯,这一派的观点吸引了荷兰省的富商,并且在富商们主导的省份深受欢迎,其主要支持者是三执政之一的奥尔登巴内费尔特和法学家格劳秀斯。而反抗辩派的代表是神学家弗朗西斯科·戈马鲁斯。这一派的主要支持者是工人阶层和尼德兰南部省的流亡者。

两派的对立在荷兰共和国各省蔓延开来,从而影响了各省的政治格局。公元 1617 年 9 月 23 日,荷兰陆海军总司令莫里斯公开支持反抗辩派。

◉ **格劳秀斯**

格劳秀斯出生于荷兰,8 岁就能流畅地运用拉丁文,11 岁入读莱顿大学,15 岁获博士学位,翌年获律师资格,曾做过莫里斯的军事律师,后来因为政见不同而加入了奥尔登巴内费尔特的阵营。

格劳秀斯首倡的"理性的自然法",超越于各种政治利益和教派利益之上,统治者和臣民之间所订立的政治契约是在自然法之下的,接受自然法的调摄和管制,因此不仅成为现代世界的首要法则,也成了国家和国际秩序中所赖以稳固的目前最靠谱的一种法权基础。

抗辩派挑战了莫里斯的权威

两派的对峙和冲突逐渐进入白热化阶段。公元1617年8月4日，在奥尔登巴内费尔特的倡议下，荷兰通过了《尖锐决议》，决议指出：每个城市都允许有自己的民兵；禁止城市公民向最高法院和荷兰法院提起诉讼；每个城市或国家官员都有负责维护公共秩序的职责；荷兰军队有义务服从他们驻扎地各省或城市议会的命令。尤其是最后一条，直接挑战了莫里斯的权威。

抗辩派众人被判处死刑

针对《尖锐决议》，莫里斯迅速行动起来，并且获得了多个省的支持。公元1618年8月29日，莫里斯以叛国罪的名义逮捕了大议长奥尔登巴内费尔特和抗辩派的主要领导人。随后组成了24人的特别政治法庭对奥尔登巴内费尔特等进行审讯，在第二年的5月12日，抗辩派众人被判处死刑。奥尔登巴内费尔特以为他的盟友会为自己的死刑上诉，但是他们被吓破了胆，都保持了沉默。

随着奥尔登巴内费尔特的死亡，荷兰进入了一个全新时期，荷兰和西班牙最后的斗争开始了。

◉ 反抗辩派的代表：弗朗西斯科·戈马鲁斯

◉ 处死奥尔登巴内费尔特－刻板画

第四章
荷兰的手工制造业、造船业和航运业的崛起

成就霸权，仅仅靠武力和战争是不够的，荷兰的手工制造业、造船业和航运业在成就荷兰强国之路上同样不可小觑。

大约11世纪开始，人们开始把水力作为动力运用到纺织、冶金、金属制造、木材加工等手工业生产的各个行业，而荷兰在这一点上体现得最为明显。比如，如今在荷兰，我们随处可见的荷兰特色风车，它就是中世纪荷兰繁盛手工业的体现。

● 中世纪的纺织机器

荷兰繁盛的手工制造业

随着中世纪城市的兴起，以及贸易的发展和技术的进步，一些拥有熟练技术的农奴纷纷逃出庄园，在交通便利而又比较安全的地方聚居下来从事手工制造业生产。以此为开端，独立的城市手工制造业在西欧各地发展起来。

公元1470年，法兰西商贾在英国伦敦举办了法兰西商品展销会。作为当时法兰西手工制造业最发达的地区，在11—15世纪，从尼德兰的佛兰德斯到意大利北部和德意志南部地区，一直都充当着"领头羊"的角色。这里的呢绒业、毛纺织业、

在当时整个欧洲，机械设计方面不断取得进步：比如曲柄和复式曲柄被广泛运用于手工制造业生产的过程中；机械时钟的原理在 14 世纪时已被人们所掌握；效率较高的织布机和纺纱机被逐渐推广开来。

15 世纪时，德意志人开始掌握活字印刷技术。16 世纪后，西欧的手工制造业技术继续取得新的进步。

亚麻业、造船业和金属制造业都达到了很高的水平。

14—15 世纪时期，尼德兰地区成为名噪一时的手工制造业工场，到了 16 世纪以后，这里迅速成为欧洲手工制造业最发达的地区。造船业规模巨大、分工精细；毛纺织业、亚麻业、陶瓷业、印刷业等都享有国际声誉。

扩展阅读：路易十一的功劳

自公元 1461 年法兰西国王查理七世去世，路易十一继位后，当时的法兰西王国大而不强，这位国王开始身着布衣闲步民间，与豪商巨贾一起，鼓励他们以法兰西商人雅克·柯尔为榜样，在欧洲打响法兰西制造的品牌。

◉ 中世纪冶金工作

◉ 荷兰风车

世界上第一架风车就是荷兰人在公元 1408 年建造的，荷兰的风车最多时有 1 万多架，至今仍有上百架风车在继续转动，可见当初荷兰人的工业水平有多么的先进，仅凭风力就可以带动许多产业的发展。

◉ 法兰西国王路易十一

⦿ 阿姆斯特丹造船工厂

> 17世纪一个濒临大西洋的小城拉罗歇尔，凡10吨以上的商船，包括大货船，皆为荷兰所造。而森林资源十分丰富的丹麦大约一半的商船都是从荷兰进口的。

在路易十一的牵头下，法兰西制造业发展迅猛：里昂的纺丝业、巴黎的造纸印刷业等都处于欧洲领先的地位。

路易十一为了促进贸易往来，还修建了连通全国的道路体系，我国有句俗话"要想富，先修路"，完整的道路体系不仅使城市往来方便，还使当时的法兰西以更廉价的商品，打开了国际市场的大门。

这个时期的尼德兰地区也随着法兰西大赚了一笔。

> 荷兰很早便向威尼斯、西班牙乃至马耳他等出口船只，而威尼斯、西班牙等传统海上强国进口荷兰船只，意味着荷兰造船业水平已经达到欧洲领先水平。

⦿ 荷兰船只——"巴达维亚"号

64 ｜ 荷兰与海洋文明

精明的荷兰商人改造货船

16世纪后半叶，荷兰的造船业居世界首位。当时，仅在首都阿姆斯特丹就有上百家造船厂，全国可以同时建造几百艘船，并且分工精细。荷兰的造船技术是当时世界上最强的，而且船的造价比当时居第二位的英格兰还要低。

尽管荷兰船队规模庞大，但荷兰仍有降低造船成本的迫切要求和巨大动力。除了在船型设计上的优势，荷兰人在造船工业上的竞争力绝非仅建立在廉价的材料上。在保证性能和质量的前提下，荷兰船厂采取一切可行措施降低成本，提高运营效率。

17世纪时的一位英国人伏尔诺在目睹阿姆斯特丹的造船工厂后说：当地船料仓库缆绳、铁锚、船帆、索轮等部件一应俱全，一旦船体建成，船只经几小时装配后即可下水。

运输生活用品，必须将成本控制到极致

荷兰独立初期，东方和美洲的奢侈品贸易被西班牙、葡萄牙、威尼斯等国垄断，使其难以涉足，荷兰只得另辟蹊径，集中全力从事波罗的海—北海的转口贸易，而这一地区主要的贸易商品大多为日用消费品和工业原材料，如普鲁士谷物、俄罗斯毛皮、蜂蜜和蜂蜡，以及英国羊毛、北欧木材、法兰西食盐和酒类，这类大宗消费品贸易数量巨大，但单位利润低。

若要从中赢得利润，必须尽可能地降低运输成本，最大限度地提高运营效率。而荷兰人之所以能赚到更多的利润，就是从改造货船开始的。

荷兰造船业凭借着精良的装备、专业化的设计理念大大节约了造船的单位劳动时间，提供了大批质高价廉的船只，不但为荷兰海上事业提供了先进的装备和工具，船只本身也成为荷兰对外出口的王牌产品，荷兰制造的海船甚至打入了传统航海强国的船舶市场。

◉ 等待上船的水手
荷兰每名水手平均可以承担20吨的货物运输，是波罗的海—北海贸易的传统霸主汉萨同盟的2倍，是同时期英格兰的3倍。

◉ 加莱船

◉ 中国大帆船

只装货，不载武器

精明的荷兰商人为了与实力强大的英格兰商人竞争货物运输市场，拆除了货船上用于防止海盗袭击的武器装备，这样一来，商船的货物运输量增加了，而船身造价仅为英格兰船只的一半，货物的运费也随之降低，为荷兰商人的商船货运赢得了更广泛的市场。依靠造价低廉的货船，荷兰商人成功击败了英格兰商人，开启了荷兰人的航海时代。

但是，对于商船来说，拆除掉武器也意味着将面临更大的风险。不过在荷兰人眼中，与利益相比，生命变得不重要了。巨大的财富诱使荷兰人超越生死的界限，将荷兰国旗飘扬在世界的各个角落。

创造了一种商业运行模式

荷兰人还创造了一种商业运行模式，他们建立了第一个联合股份公司——荷兰联合东印度公司，用于开拓前往美洲与东方的航线，成千上万的荷兰普通百姓出于对财富的渴望，都乐于将自己毕生的积蓄投入到有巨大风险的商业活动中。

福禄特商船

欧洲当时的货船要么是加莱船，要么就是来自中国的大帆船，但是由于装载武器的关系，甲

◉ 荷兰福禄特商船模型

在荷兰人所使用的船只中最有代表性的就是福禄特商船，福禄特商船是由荷兰人为了平衡装载量与躲避关税所设计改良而成，平均重200~300吨，平均长24.4米。这种船制造成本低，可以大量制造。另外，福禄特商船与其他专门用来运输的商船不同，如果在有海盗出没的海域航行，福禄特商船还可以搭载12~15门加农炮，这些火力虽然无法对抗正规海军舰队，但是对付零散的海盗船只绰绰有余。

板都做得非常宽敞。在核算每一艘船只到底需要交多少关税时，一些中亚的港口就以甲板的宽度来计算关税的多少。精明的荷兰人就改造了现有的货船，将其肚子做大，甲板缩小，这样可以少交税，而且还能够多装货，这种船就是荷兰著名的福禄特商船。

福禄特商船从荷兰开始使用之后，凭借其良好的技工和算计到极致的设计，这种货船很快便被许多欧洲国家的商人们喜欢，纷纷到荷兰来订购。

福禄特商船在16世纪得到了很好的发展，到了17世纪成了荷兰最常用的船只之一，福禄特商船为荷兰的海上贸易做出了巨大的贡献，是17世纪荷兰海运帝国崛起的重大因素之一。

采用质轻的松木建造货船

荷兰出于经营波罗的海—北海大宗消费品贸易的专门需要，商船的设计制造向专业化发展。大货船全部采用质轻

◉ 福禄特商船

◉ 荷兰豆

大约12 000年前，沿着泰国—缅甸的边境地带，最早开始栽培这种豆，17世纪，荷兰人凭借强大的海上舰队，从世界各地带来各种舶来品来到中国，于是当地居民开始称之为"荷兰豆"。有趣的是"荷兰豆"在荷兰却叫"中国豆"。

荷兰海运商人的航运成本比英格兰、苏格兰和法兰西低 1/3~1/2。因此，荷兰在17世纪垄断波罗的海—北海贸易的秘诀是建立在低成本、高效率的海上运输之上。

与当时同吨位的英格兰船只相比，荷兰商船每吨价4镑10先令运费，比英格兰船每吨价便宜2镑16先令运费。

同样是制造商船，法兰西人多用栎木为原料，配以铁钉销接，成本很高。荷兰的大货船由于专业化的设计，有些专门运输的商船直接使用木钉销接，与法兰西船相比，船身虽大一倍，而造价却低一半。

荷兰的造船技术堪称一流，例如法国的"圣路易斯"号（1626年建于荷兰，作为法国海军新发展的范例）、瑞典的"瓦桑"号（1627年建造）都采用了荷兰的造船工艺，俄国、德国和丹麦同样也使用了荷兰的技术。

第四章 荷兰的手工制造业、造船业和航运业的崛起 | 67

的松木建造，便于在水位较浅的波罗的海航行，并且基本不装载武器，这样，武器弹药和武装人员的空间全部节省下来，大大提高了货船的载重量和航行速度。同时，由于货船主要用于近程航行，不负担海战任务。

良好的政治环境保障

贸易的发展需要和平的政治环境，荷兰不像威尼斯需要到处去结交朋友，从而为其良好的贸易环境打下基础。

由于当时荷兰周旋、依附在法兰西和英格兰这样的大国身边，同时在政治上由一帮商人在"当家做主"，这个对财富充满渴望的商人阶级，为荷兰经济发展注入了强心剂。

在治国上，荷兰人也将保卫国家与捍卫民族利益画上等号，没有什么大国利益。哪里侵犯了荷兰人的民族利益，哪里就有荷兰人的反抗。

利益高于一切的民族理念

荷兰人利益高于一切的民族理念可以从一个故事中得到印证：公元1656年，荷兰使团到达北京，在拜访清朝顺治皇帝、面对三拜九叩的大礼时，荷兰人毫不犹豫

◉ **顺治皇帝**

爱新觉罗·福临（1638—1661年），清世祖，清朝第三位皇帝，也是清军入关以来的第一位皇帝，年号"顺治"。

地答应了。事实上，直到18世纪，还没有一位欧洲国家的外交官能痛快地答应这种看来是"莫大侮辱"的礼节。当时顺治皇帝高兴地接见了荷兰使团，并赏给他们大量的礼物，其中包括大量的中国瓷器。

事后，荷兰使团中有人在日记中写下了接受跪拜规定的原因："……我们没有必要为了所谓的尊严而放弃巨大的利益。"

阿姆斯特丹成为世界贸易的中心

阿姆斯特丹是荷兰最大城市，也是欧洲第四大航空港（另三个航空港为伦敦、巴黎、法兰克福），有着无与伦比的艺术特质：它有着不输于威尼斯的水道航运系统和凡·高的博物馆；保藏着迦山钻石、犹太女孩安妮的故居；是孩子的天堂，到处都有梦幻的郁金香和童话般的风车与木鞋。

从小渔村到大海港

阿姆斯特丹的历史最早可以追溯到13世纪时的小渔村。

这里最早的居民乘着由挖空的原木做成的船，从阿姆斯特尔河顺流而下，开始在阿姆斯特尔河的入海口附近定居，并在河周围的沼泽湿地之外修建了堤坝。阿姆斯特丹得名于阿姆斯特尔河上建筑的水坝，其原来的名字为"Amstelredam"，意指"阿姆斯特尔水坝"。

阿姆斯特丹于公元1300年（一说公

◎ 荷兰馆藏中国瓷器

◎ 荷兰木鞋

木鞋是荷兰最具民族特色的工艺品，是荷兰民族风俗文化的缩影。如今已少有人穿了，成了荷兰的国粹，游客的纪念品。

荷兰濒临北海，地势低平，是"低地之国"。欧洲许多大河经荷兰入海，又受全年湿润的温带海洋性气候影响，几乎一半的土地浸泡在水中。正是这样的地理条件，促使荷兰人在500多年前发明了木鞋。

第四章 荷兰的手工制造业、造船业和航运业的崛起 | 69

元 1306 年）被正式授予城市资格，当时约有 1000 人居住在阿姆斯特丹。从 14 世纪起，阿姆斯特丹开始蓬勃发展，这主要归功于与汉萨同盟的贸易。公元 1345 年，阿姆斯特丹的卡尔弗街成了市民朝圣的地方，直到新教成了荷兰的国教。

进入 16 世纪，阿姆斯特丹已经发展成为一个繁忙的港口，并伴随着荷兰独立战争的胜利而逐渐繁荣起来。

成就世界贸易中心

伴随着地理大发现，以往神秘、黑暗的大海成为欧洲人崭新的广阔舞台。海洋成为欧洲经济扩张的新边疆，因为海洋既是欧洲各国互通有无的贸易桥梁，也是通往富饶的海外殖民地的必经路途，还是蕴藏极其丰富资源的宝藏。所以许多西欧人开始从阿姆斯特丹的港口出航，驶向黑海、红海、大西洋以及更遥远的东方。

● 阿姆斯特尔水坝上的纪念碑

● 阿姆斯特丹刚建立时的模样－插画

此外，这里还驻留有大片的手工制造业工厂及来往交易的商人，进入 17 世纪之后，随着资本运作的加入，阿姆斯特丹成了世界资本市场的中心。

扩展阅读：井然有序的荷兰运河

运河，根据字面含义，可以理解为承载运输功能的河道。就像我国的京杭大运河，虽是人工开凿，但承载了黄河流域经济发展的重要功能。在荷兰国内也有着数不清的、大大小小的运河，当然，他们的运河承载着的不仅仅是经济发展的任务，还是改造居住环境的刚需，这一点和威尼斯的运河功能十分相似。

"阿姆斯特丹"这个词最早于公元 1275 年 10 月 27 日被记录在册。史料将最早居住在大坝周边的居民叫作"homines manentes apud Amestelledamme"。到了公元 1327 年，这个名称演化为"Aemsterdam"。

◉ 阿姆斯特丹－油画

17世纪时期，为了促进阿姆斯特丹市中心周围地区的发展，荷兰人修建了运河，用于水资源管理、交通运输及防御。他们从抽水造田开始，着手修建运河。运河既是旅游景点，也是灌溉排水工具。闻名遐迩的阿姆斯特丹运河辅助道路、承担交通任务，这源于出色的城市规划，以保证荷兰人生活在水面以上。阿姆斯特丹现今的运河已发展成连接100多座岛屿、由160多条运河、1281座桥梁构成的75千米长的运河网，因此也被称为"北方的威尼斯"。城市的布局就像一把打开的扇子，扇柄朝北，即中心火车站。5条主要运河均呈同心圆一样，以中心火车站为圆心，一圈一圈地向外扩张。俯瞰阿姆斯特丹，其运河就像一张蜘蛛网，与陆地井然有序地相互交织着。

◉ **手帕上的阿姆斯特丹运河地图**

像蜘蛛网状的阿姆斯特丹运河被绘制在手帕上作为旅游纪念品，这足可见荷兰人的生意头脑。

第五章
鲱鱼与荷兰

在你争我夺的年代，荷兰无法依靠强大的武力征服和殖民外邦，但是聪明勤劳的荷兰人靠智慧寻找到一条依赖鲱鱼捕捞、贸易搭建而成的商业贩卖路线，走上了海洋强国之路。

面朝北海为荷兰带来的优势

荷兰地处欧洲，面朝北海，由于海洋洋流的变化规律，每年夏天都有大批鲱鱼洄游到荷兰北部的沿海区域，荷兰人每年可以从北海中捕获超过 1000 万千克的鲱鱼。

小小的鲱鱼养活了 1/5 的荷兰人

荷兰常有大洪水，可用的耕地少之又少，所以荷兰人只得将目光转向大海，荷兰紧挨着的大西洋水域被称为北海，由于冷暖水流的交汇，北海地区的渔业资源非常丰富，这其中就包括大西洋鲱鱼，这种鱼数量惊人，而且喜欢抱团取暖，

> 人类食用鲱鱼的历史可以追溯到公元前 3000 年，北欧人最早食用。苏格兰人是早期的食鲱大户，他们早在 7 世纪就建立了加工鲱鱼的工厂，荷兰人则是他们最初的海外客户。

● 鲱鱼群

◎ 鲱鱼

小小鲱鱼

鲱鱼亦称青鱼，头小，体呈流线型。是冷水性中上层鱼类，平时栖息在较深海域，但在洄游时期会游在大洋表面。

鲱鱼是成群游动的，可以说它是世界上产量最大的一种鱼。雌鱼产卵、雄鱼排精。它们产卵前在海岸附近水深8米左右的地方游弋1～2天后，便进入海藻丛生的浅水处进行生殖。

有经验的捕鱼者能够根据岸边水的颜色、海水的动向和窜动的鱼群所溅起的特殊水花以及天空中大群海鸟的盘旋和鸣叫声，准确地判断出大鱼群的来临。

在水中经常能发现几百万条鲱鱼组成的庞大鱼群，是掠食鱼类和海鸟、海洋哺乳动物的重要食物来源。鲱鱼也成了荷兰渔民唾手可得的财富。

在14世纪时，荷兰的人口不足100万人，当时约有20万人从事捕鱼业，小小的鲱鱼为1/5的荷兰人提供了生计。

鲱鱼引发的战争

海里的鲱鱼是一种自然资源，并非荷兰人独有，生活在北海边的其他民族也有捕捞鲱鱼的权利，于是为了争夺鲱鱼资源，荷兰和苏格兰之间曾爆发过三次战争。

公元1429年2月12日，一支英格兰补给队向萨福克的军队运送补给，正好与一支增援奥尔良的法兰西和苏格兰的联军遭遇。法兰西和苏格兰的联军实力大大优于英格兰补给队。

在无法逃脱法、苏联军打击的情况下，英格兰领队约翰·法斯托尔夫爵士将装满咸鲱鱼的车排成车队形成掩体，然后躲在掩体内，命长弓手射出漫天箭雨，冲锋的法兰西人和苏格兰人纷纷倒地。在大量杀伤敌人后，英军骑兵上马反攻，法、苏联军仓皇逃遁。

这场战斗因此被称为"鲱鱼之战"，这也是英格兰长弓手在英法百年战争中最后的辉煌。

◎ 《莎士比亚》中的福斯塔夫剧照

鲱鱼之战4个月后，约翰·法斯托尔夫在帕提战役中败给了圣女贞德，被当时的人们公认为是战场上的逃兵，也成了《莎士比亚》中福斯塔夫的原型人物之一。

鲱鱼之战过后不久，英格兰就陷入了玫瑰战争中不能自拔。即使如此，英格兰依然不放弃用武力争夺渔业资源。

世界历史上除了鲱鱼战争外，还有有名的鳕鱼战争。这是发生在1958—1976年冰岛与英国之间的渔业冲突，时间跨度近20年。

74　荷兰与海洋文明

⊙ 墙砖上的鲱鱼图案

鲱鱼在荷兰是一种文化，深得人们的喜爱，在荷兰以及欧洲很多国家随处可见鲱鱼图案的工艺品以及雕刻等。

鲱鱼量充足却不宜保存

鲱鱼量足又好捕捞，但当时没有保鲜技术，传统的肉类保存方式是干制，肉和奶可以做成肉干、奶酪，甚至鳕鱼这样的大鱼也可以晒成鱼干，可鲱鱼只有巴掌那么大，晾晒之后变成了小鱼干，作为小咸菜或者喂猫尚可，拿来供人温饱的话显然不太尽如人意。

鲱鱼还有洄游习惯，夏季时它们会洄游到欧洲西海岸，过了季就会向北海腹地洄游。当然，渔船可以跟随鱼群捕捞，但是如果距离港口太远，除了会遇到海盗或者恶劣天气的风险，捕捞上来的鱼还可能会没等运回港口就腐败变质。

捕捞鲱鱼是荷兰人赖以养家的生计，但鲱鱼不易保存，这使得靠捕鱼为生的荷兰人生活拮据。

为了解决这个问题，荷兰人巴尔克斯通过研究发现，鲱鱼的腐烂总是从鱼头或者内脏开始的，那么是不是去掉内脏和鱼头，再用盐腌制，鲱鱼就可以慢点腐烂了呢？抱着试试看的想法，巴尔克斯拿起了身边的小刀……这个不起眼的小小改良，居然真的产生了显著的效果。去掉鱼头和内脏的鲱鱼，再用粗盐腌制，就可以保存几个月。

⊙ 腌制的鲱鱼

第五章 鲱鱼与荷兰 | 75

◉ 巴尔克斯拿着小刀杀鲱鱼

巴尔克斯一刀

随着不断地尝试，巴尔克斯又进行了多项改进：使用不同的食盐比例，使鱼可以腌得长久；使用精盐来腌制，改善腌鱼的口感品质；改进处理鱼的刀法，最大化地简化流程。

到了公元 1386 年，巴尔克斯已经总结出了一套规范化的流程——他可以一刀去掉鱼头和鱼肚，把鱼放进以 1∶20 的比例调配的浓盐水，装入木桶封存，处理后的鲱鱼竟可以保存 1 年之久！

攻克了腐烂这一难关，荷兰渔民可以放心地在北海腹地捕捞鲱鱼，起网之后，渔民们就站在甲板上开始加工，一个熟练的水手每小时可以处理 2000 条鱼，而满载而归之后，又可以把桶装鲱鱼运到内陆甚至其他国家销售。

提升技术难度的改进

如此简单的手法就解决了腐烂问题，这样的方法不仅荷兰人可以用，其他国家的人也可以用。荷兰人明白：大家都有的优势那就不是优势，要想保持优势，就必须持续提高技术门槛。

降低成本：渔业与资本的广泛结合

因为当时鲱鱼很便宜，而渔船是很贵的，而且处理鲱鱼

鲱鱼在荷兰是大众美食，在今天荷兰的任何一个水产市场都能看到一群荷兰人围着一个杀鱼师傅的摊，新鲜的鲱鱼一条条摆上案台，杀鱼师傅用一把小刀三下五除二就把鱼头、鱼刺和内脏掏出来了……这是一种沁入荷兰人骨髓的杀鱼方式。

所用的食盐也价格不菲，制作木桶的木料需要从北欧进口，对于其他国家的渔民来说，需要捕捞许多年才能用鲱鱼赚出一条新渔船。荷兰政府就将渔民与投资者甚至普通的市民组织在一起，大家集资购买渔船和耗材，然后通过捕鱼赚取分红，购买渔船已经不是渔民的事，而渔民也逐渐从船主转变为雇员，这使得荷兰渔船数量暴增，最多的时候达到了1500艘，比欧洲其他国家所有渔船加起来都要多。

提高效率：专业领域的细化分工

普通渔船可以远海捕捞6~8周，直到渔船装满后再回港，虽然这种效率比以前已有很大的改进，但是荷兰人仍然觉得不够，于是他们利用渔船去捕鱼，用快船将装满鲱鱼的鱼桶运送回港，这就是典型的细化分工，除了提高效率还能保证鲱鱼的新鲜程度。

◉ 海报：吃鲱鱼的荷兰人
海报中一位身着荷兰传统服装的女孩抓住一条鱼的尾巴，仰起头，正往嘴里送。这被视为吃鲱鱼最标准的姿势。

◉ 鲱鱼罐头
如今鲱鱼更是被制作成各种美食，比如罐头等销往世界各地。

第五章 鲱鱼与荷兰 | 77

除此之外，荷兰渔民在处理鲱鱼时会刻意留下一部分胃，依靠残留的消化酶让鲱鱼的味道变得更加鲜美。不仅如此，他们还将腌制鲱鱼的精盐做了改进，使腌制后的鲱鱼不至于那么苦涩，就连装鲱鱼的木桶都使用橡木，提升了木桶的密封程度，使荷兰鲱鱼的品质有了很大提升。

改造适合远洋作业的捕捞船

15世纪时，波罗的海的鲱鱼群迁徙至北海，为北海沿岸国家发展大渔业提供了得天独厚的资源，荷兰渔民和船主在其高度发达的造船业的支持下，按照近代资本主义经济组织的原则，率先发展起大规模远洋渔业。

● 荷兰奶制品
荷兰除了有鲱鱼资源，还有丰富的奶牛资源，荷兰生产的奶酪品种繁多，而且芳香甘醇、沁人心脾。

● 小船捕捞鲱鱼
当时一艘70吨渔船的造价在1000英镑左右，而1拉斯特（大概相当于1.8吨）鲱鱼的毛价不过10英镑，除去人员和船只损耗，利润稀薄。

荷兰渔民和船主为了适应远洋捕鱼作业的方便和效率，将船身宽大的大货船改造成了流动的鲱鱼加工工场。他们在大货船上采用大型拖网，渔汛时捕鱼可以大大提高产量，然后利用大货船宽敞的空间，在船上加工鲱鱼并腌制装桶，完全实现了工厂式流水作业。

这样就保证了荷兰鲱鱼的品质和市场竞争力。

据当时的估算，剖鱼工每人每小时能剔除约2000条鱼的内脏，每分钟达到33条之多。

旗帜日

每到捕捞鲱鱼的季节来临，荷兰人就会将船装饰一新，插上旗帜，准备出发，亲人们穿上节日的盛装，载歌载舞，欢送渔民们出海捕鲱，期待着早日满载而归。人们把这种仪式叫作"旗帜日"，最早叫作"船只日"，它的传统要追溯到公元14世纪，源于前面提到的那些浩浩荡荡的捕鲱船队。从18世纪开始，演变成"旗帜日"，最初只是在弗拉丁，后来推广到其他城市，不过最为有名的还是斯海弗宁的"旗帜日"。

根据统计，公元1500年，波兰王国的但泽地区进口的鲱鱼有50%是荷兰人销售的，到了公元1660年，波罗的海地区进口的鲱鱼有82%是荷兰人销售的。

◉ 鲱鱼捕捞船

第五章 鲱鱼与荷兰 | 79

鲱鱼贸易带动的跨国贸易

借助鲱鱼，荷兰人开始了商旅生涯，如今在鹿特丹的一些古老的房屋上，仍可以见到鲱鱼的图案，这些并不醒目的标志似乎在提醒人们：荷兰的海洋贸易历史就是从小小的鲱鱼开始的。

荷兰鲱鱼的市场占有率非常高

从15世纪末开始，荷兰的商船队就开始往返于北海与波罗的海之间，其运输的商品就是桶装的鲱鱼。由于产量惊人，荷兰鲱鱼的市场占有率非常高。

荷兰鲱鱼还成功打进了法兰西和英格兰市场。更为有趣的是，法兰西和英格兰的渔民也捕捞鲱鱼，但是因为产量少、口味差，本国老百姓根本不买账，就是要买荷兰鲱鱼，荷兰人干脆有恃无恐地提了价。本来英、法两国渔民的捕捞成本就比荷兰高，结果卖得还要比荷兰鲱鱼便宜，里外里一算，荷兰人的利润非常高。

除了大规模的鲱鱼捕捞业以外，荷兰人在巴伦支海、斯匹次卑尔根群岛的捕鲸作业和在冰岛海域的捕鳕作业，地位虽然没有鲱鱼捕捞业那么重要，但仍然是荷兰大渔业的重要组成部分，同样给荷兰带来了大量的财富。

从鲱鱼渔夫到欧洲"海上马车夫"

15世纪末期的地理大发现，给欧洲带来了前所未有的商业模式，也为荷兰提供了成就海洋帝国的历史机遇。

如果说葡萄牙和西班牙靠的是暴力和掠夺发展贸易，那么荷兰缺少强大的

> 荷兰、波罗的海地区和伊比利亚半岛形成了三角贸易。鲱鱼让荷兰有机会融入并在波罗的海—地中海贸易中发挥主导作用。从某种意义上来说，荷兰用鲱鱼架设起连接波罗的海和地中海的贸易的桥梁。

● 百姓菜篮子中的鲱鱼

王权和充足的人力，只能依靠竞争技巧和商业体制累积财富。有着贸易眼光的荷兰人在贩卖鲱鱼的过程中发现了贸易链。他们发现，波罗的海地区的谷物产量颇丰，而南欧地区的谷物却总不够吃。

于是荷兰商船先从荷兰运送鲱鱼到波罗的海地区，然后从波罗的海地区运输谷物到南欧，又从南欧运输食盐到荷兰，食盐用来加工鲱鱼后又运输到波罗的海地区贩卖，这样，本来简单的荷兰到波罗的海地区的单向贸易，变成了遍布欧洲的关联贸易。

波罗的海地区的地主通过谷物出口赚了大钱，就格外依赖荷兰商船，于是纷纷抢着预定商船档期，甚至到后来干脆承担了商船从波罗的海地区到南欧的往返运费，这对于荷兰人来说又省下了一大笔钱，荷兰人的利润又提高了。

于是，荷兰仅仅用了300年，就完成了从鲱鱼渔夫到欧洲"海上马车夫"的华丽变身，荷兰也从一个吃不饱饭的低地小国，一跃成为横跨四海的商业强国，走出了一条极具特色的大国崛起之路。

⦿ 吃鲱鱼的人－海牙雕塑

荷兰国会在公元1624年7月19日的一份文件中郑重宣称：鲱鱼捕捞业是荷兰联省共和国最大的行业和最好的金矿。

公元1575年，荷兰5个最重要的渔业城市布里尔、鹿特丹、斯希丹、德尔夫特和恩克霍伊曾在奥兰治亲王的支持下成立"大渔业委员会"，制定了渔业法规，规定了鲱鱼捕捞时间、腌制用盐标准、鱼桶的尺寸和木质以及每桶鲱鱼重量。只有符合标准的渔船方能获得许可证并下海经营。

当时许多外国人纷纷涌入荷兰想要赚大钱，有传闻俄国舰队停靠荷兰的时候，许多乘员偷偷离舰加入荷兰渔船的船员队伍中。

第五章 鲱鱼与荷兰

第六章
荷兰著名的探险家

荷兰除了拥有发达的造船业、捕鱼业、手工制造业，还拥有一群用生命冒险、为国家开拓新的贸易路线的探险家。

> 巴伦支误把斯匹次卑尔根群岛认为是格陵兰的一部分，最后几乎到达了北极圈，是完成这一壮举的第一个欧洲人。

探险英雄巴伦支：为荷兰商人赢得了宝贵的信誉

巴伦支全名为威廉·巴伦支，出生于公元1550年，是一位荷兰探险家、航海家。他生活在荷兰拥有海上霸权、被称为"海上马车夫"的时代。在阿姆斯特丹商会的支持下，巴伦支一生致力于开拓通过北冰洋的欧亚东北航道。

巴伦支试图开辟到亚洲的新航线

16世纪末，巴伦支为了避开激烈的海上贸易竞争，试图从荷兰往北开辟一条新的到亚洲的航行路线。

巴伦支作为一名船长参与了公元1594年6月的远征航行，一个月后来到新地岛海域。在这里，巴伦支与

⊙ 威廉·巴伦支雕像
威廉·巴伦支（1550—1597年），荷兰探险家、航海家。

船队分手,他沿着该岛西岸向北航行,直到7月底。关于巴伦支抵达该岛最北端以及越过北纬77°的猜测并没有留下可靠的证据。后来,巴伦支途经瓦加奇岛,于9月16日成功地回到阿姆斯特丹。

这次远征激起了荷兰议会的兴趣,公元1595年,荷兰议会出面派遣了一支远征队,其目的是找到新航道。6月18日,7艘帆船从阿姆斯特丹出发,绕过斯堪的纳维亚半岛,到达瓦加奇岛,但是逆风和浮冰使他们无法通过喀拉海,只好打道回府。

探险北极圈,为荷兰商人赢得了信誉

公元1596年5月10日,在阿姆斯特丹商会的支持下,巴伦支指挥着3艘船又开始了第三次探险。这次他大胆地设想:通过北极前往

◉ 威廉·巴伦支在北极冰层中航行

这是公元1598年对巴伦支航行进行描述的彩色木刻。

◉ 威廉·巴伦支纪念硬币

第六章 荷兰著名的探险家 | 83

● 斯匹次卑尔根群岛

● 巴伦支船长搁置船处的纪念碑

东亚。他朝正北航行,一个月后发现了熊岛。6月19日,水手们再次看到了陆地(斯匹次卑尔根群岛),沿着其西侧航行,直到北纬79°30′。

在熊岛附近,3艘船被浮冰分开,巴伦支在寻找另外两艘船时航行到新地岛,船不幸困于海面的浮冰里,想退已来不及了,只能找个岛靠岸(三文雅岛)。迎接他们的是接踵而来的各种恶劣天气。北极圈是地球上最寒冷的区域之一,三文雅岛上常年覆盖着10~12英尺厚的雪,厚厚的积雪被-40℃~-50℃的严寒冻结。

巴伦支船长和17名荷兰水手为了御寒,拆掉了船上的甲板做燃料,靠打猎来勉强维持生存。在这样极端恶劣的环境中,有8个人死去了。但巴伦支船长在死亡的威胁下,丝毫未动船上别人委托运载的货物,而这些货物中就有可以挽救他们生命的衣物和药品。8 个月后,幸存的巴伦支船长和 9 名荷兰水手通过了一段冰海,在新地岛南端遇到了俄罗斯人,幸运地获救。巴伦支在返回荷兰的航程中去世,但他们的船队终于把货物完好无损地带回荷兰,送到了委托人手中。巴伦支船长和船员们的诚信震动了欧洲,也为荷兰商人赢得了宝贵的信誉。

17 世纪的时候,荷兰几乎垄断了欧洲的海运贸易,其势力几乎延伸到了地球的每一个角落,成为世界的经济中心。荷兰的崛起和繁荣很大程度上得益于巴伦支船长和 17 名荷兰水手,是他们用生命为代价,坚守诚信,为荷兰商人创造了传之后世不朽的经商法则,也为荷兰赢得了海运贸易的世界市场。

位于挪威与俄罗斯北方、为北冰洋的陆缘海之一的巴伦支海,其名字就取自于在该海域病逝的荷兰航海家威廉·巴伦支。

东印度群岛(亦称香料群岛)是公元 15 世纪前后欧洲国家对东南亚盛产香料的岛屿的泛名。它说明了当时欧洲人对东方香料的渴求,也是导致大航海时代(地理大发现)到来的一个直接原因。

商人霍特曼用生命换来的巨额利润

在八十年战争如火如荼地进行的同时,荷兰的商人们始终努力进行着自己的商业贸易,这里先从商人霍特曼开始说起。霍特曼全名为科内利斯·德·霍特曼,他出生于公元 1540 年,当时的荷兰还处于西班牙的统治之下。

在大航海时代到来之前,火炮虽然已经装上了军舰,但尚未发挥主要作用。直至新航路发现之后,远洋贸易为各个海洋大国带来了巨额利润,同时也加剧了在大洋上的争斗。对海洋的控制也就是对财富的控制。地中海的三桅划桨帆船因为适航性太差,无法在大洋海战中发挥作用;老式的帆舰及当时其他船舶艏楼与艉楼过高,在大西洋上极易招风,使船在逆风时不易操纵。之后各国都纷纷改进新的能适应大洋航行的船只。

◉ 麦哲伦

麦哲伦(全名费迪南德·麦哲伦,1480—1521 年),探险家、航海家、殖民者,葡萄牙人,为西班牙政府效力探险。公元 1519—1522 年 9 月率领船队完成环球航行,也是人类首次环球航行。

公元1729年，荷兰东印度公司开辟了对华直接贸易，他们从中国广州收购的茶叶，回到荷兰就可以2~3倍的价格出售，更不要说卖往其他国家的价格了。

霍特曼东方寻香

公元1595年，霍特曼率领第一支荷兰远征东方的船队到达印度尼西亚的万丹省，从阿拉伯人手上买到了中国的茶叶，之后，荷兰商人纷纷组织公司，掀起东方贸易热，仅仅公元1598年就有5支船队共22艘船到达亚洲，从而揭开了中国与欧洲茶叶贸易的序幕。

葡萄牙人控制着香料贸易

欧洲的香料贸易最早是被威尼斯商人垄断的，威尼斯商人通过地中海贸易航线垄断了从东方输往欧洲的香料生意。后来随着地理大发现，以及葡萄牙的崛起，特别是达·伽马发现了印度航线，葡萄牙就逐渐控制了东方输往欧洲的香料

● 意大利的天主教耶稣会传教士利玛窦

最先和我国开展茶叶贸易的是阿拉伯人，他们通过航海贸易将茶叶带到了欧洲。到了16世纪末期，我国的茶叶在欧洲已经是遍地开花。其中传教士利玛窦和加帕斯·克路士等编撰的书籍中关于中国茶叶的介绍使得茶叶在欧洲普及，功不可没。

万丹省位于爪哇岛最西部，隔巽他海峡与苏门答腊岛相望。

● 茶叶

茶叶在欧洲最初不是被当作饮料，而是被视为药物放在药店出售。茶价相当昂贵，如公元1684年阿姆斯特丹每磅茶叶的价格高达80荷盾，一般人是消费不起的。

来源，荷兰和英国只能从葡萄牙首都买到香料。葡萄牙商人利欲熏心，香料的价格越来越高。荷兰和英国的商人只好忍痛按照葡萄牙商人给出的价格付钱。这种情况持续了许多年。

到了公元1580年，葡萄牙因为王位继承出现空缺，被西班牙趁机兼并，香料贸易也被西班牙控制。而当时荷兰正在与西班牙作战，所以荷兰商人即使出了高价，也无法从西班牙买到香料了。

荷兰人千辛万苦来到了香料群岛

荷兰人决心找到香料产地，不受西班牙控制。荷兰政府也鼓励商人们开辟东方航线，并承诺提供武装保护。公元1594年，荷兰人终于从葡萄牙人那里得到了通往东印度群岛的航海图等重要文件，荷兰商人欣喜若狂。第二年春天，霍特曼带着荷兰商人的期望，率领4艘帆船向东印度群岛出发。

霍特曼虽然有了航海图，但毕竟对航路不熟悉，一路上耽搁了许多时日，用了近14个月的时间，荷兰武装商船队才打破葡萄牙、西班牙的封锁，绕过好望角，抵达印度。

公元1596年6月，霍特曼又到达了苏门答腊岛东南的一个大岛——爪哇岛和摩鹿加群岛。

荷兰人扬·哈伊根·范·林斯霍滕在担任葡萄牙果阿总督秘书的时候，掌握了葡萄牙人关于亚洲贸易和航海的重要信息，并将之写成一本书出版发行，最关键的是他在书中提供了关于水流、岛屿、深海、沙洲等航海信息的真实数据，为荷兰人开拓香料贸易航线提供了保证。

◉ 爪哇岛神庙

林斯霍滕（1563—1611年），出生于荷兰西部的哈勒姆，经多年漂泊动荡的生活之后，他跟着果阿大主教来到东方世界，公元1595年通过绘画和记录出版了一本《东印度行记》，公元1596年又出版了《林斯霍滕的葡属东印度航海旅行记》，公元1597年再次出版了《大西洋的特征及沿岸描述》，书中包含了很多关于印度航路的航行指导和详细说明，还有远至中国和日本地区的情况介绍，这些知识对于荷兰人来说弥足珍贵。这些图书对所涉及地区的地理状况做了详细的讲解，附有大量的地图，其精致和准确度在当时来说是空前的，具有巨大的实用价值。此后的一个世纪中，它们成为荷兰人必备的航海指南。

第六章 荷兰著名的探险家 | 87

○ 东印度群岛荷属殖民地硬币

| 公元1596年荷兰船只首次访问爪哇，荷兰东印度公司迅速在沿海建立若干贸易港口，并在巴达维亚（雅加达）市设立总部。该市于公元1619年被荷兰控制。从公元17世纪70年代起，荷兰东印度公司开始宣称控制了爪哇的各个王国。 |

露出了强盗本性，收获不多，但是却打通了东印度航线

　　荷兰船队来到爪哇岛西部的万丹港外，在港外抢劫了两条爪哇帆船。荷兰人上岸后，只要是他们看中的货品，不管对方卖不卖，只付很少的钱就强行拿走了，当地人看这伙人强行购买香料，于是纷纷撤摊逃走了，因此他们买到的香料不多。后来，当地居民集体反抗，霍特曼一行只能逃回船上。

| 公元1568年，淡目国的属国万丹统治者哈沙努丁，趁淡目苏丹去世后国内发生动乱之机宣布独立，从此摆脱淡目的控制，建立万丹港埠王国。淡目是爪哇岛上最早的苏丹国。 |

○ 传统的爪哇帆船

88 ｜ 荷兰与海洋文明

● 霍特曼

霍特曼率领 4 艘帆船继续向东航行。由于他们的海盗行为，爪哇岛各港口都不欢迎他们，所以荷兰人收获的香料并不多，加上船员们开始厌倦了长时间的海上航行，起来造反，他只好返航，于公元 1597 年回到荷兰。

霍特曼带回的香料不多，获得的利润很少。但是，荷兰人去往东印度群岛的航线已被打通。

苏丹为了表示感谢，送给他们 4 船香料

公元 1598 年，荷兰又派霍特曼率领一支远航队前往东印度群岛。这一回，霍特曼吸取了上次失败的教训，没有使用强盗手段去获取香料。

这时，葡萄牙、西班牙正好在攻打万丹，霍特曼趁机帮助万丹的苏丹击退了他们。苏丹为了表示感谢，送给他们 4 船香料。霍特曼的这次航行获得了 400% 的纯利。从此，许多荷兰商船争着开往东印度群岛。

> 从 17 世纪 20 年代开始，万丹人民为反抗荷兰殖民者的入侵进行了不屈不挠的斗争。荷兰殖民者利用统治阶级的内部矛盾，支持亲荷的苏丹哈齐吉打败苏丹阿贡，于公元 1684 年迫使前者签订割让部分土地和限制贸易等的第一个屈辱条约。

> 万丹崛起成为一个独立的港埠王国后，在 17 世纪时成为东南亚地区胡椒生产与交易的重要贸易中心。当时，万丹港口商舶辐辏，来自中国、西亚、马来半岛、香料群岛以及欧洲的商贾齐聚在万丹交易。在这些商人当中，中国商人最多，而且是最为活跃的一个群体。

> 公元 1599 年，霍特曼再一次扬帆起航探险，与东印度群岛土著发生冲突，被土著刺杀。

第六章 荷兰著名的探险家 | 89

以霍特曼为代表的荷兰探险家，以生命为代价，为商人们开拓新航线、寻找新资源的行为，为本国的经济注入了新的能量，同时也为之后的荷兰经济腾飞插上了翱翔的翅膀。

荷兰人雅各布与毛里求斯

在公元 1598 年霍特曼率领的前往东印度群岛的远航队中，其中一支是由雅各布·科内利松·范·内克率领的舰队。

以毛里求斯为补给站

雅各布绕行好望角航线时，在印度洋西南方发现了一个南北长 61 千米、东西宽 47 千米的火山岛，就以当时的荷兰执政官莫里斯之名，将其命名为毛里求斯，并将这里建成荷兰舰队的补给站。

以毛里求斯为补给站，使得雅各布成功地从另一条海路抵达了万丹。

◉ 雅各布·科内利松·范·内克

◉ 灭绝了的渡渡鸟

葡萄牙人在 16 世纪初发现毛里求斯时，见到一种前所未见的新品种雀鸟，并将其命名为渡渡鸟，意即"呆子"。到了公元 1681 年，岛上已不见渡渡鸟的踪影，渡渡鸟在被人类首次发现之后不过 200 年时间，就从地球上消失了，堪称是除恐龙之外最著名的已灭绝动物之一，也是毛里求斯唯一被定为国鸟的已灭绝鸟类。

雅各布赚得盆满钵满

公元 1600 年，为了获得更多的贸易权利，雅各布和安汶岛的当地人结成联盟，共同对抗葡萄牙人，以换取荷兰人购买香料的唯一权利。

在当地人的帮助下，葡萄牙人在安汶岛上的堡垒被雅各布攻下，荷兰人实现了对安汶岛的控制。

> 亚伯·塔斯曼（1603—1659 年），荷兰探险家、航海家、商人。17 世纪 30 年代受雇于荷兰东印度公司，在巴达维亚至摩鹿加群岛的航线上服务，他于公元 1642 年和 1644 年进行了两次成功的远航，发现了塔斯马尼亚岛、新西兰、汤加和斐济。塔斯曼的名字被列入最伟大航海家之列，塔斯马尼亚岛和塔斯曼海都以他的名字命名。

公元 1636 年，雅各布又夺取了葡萄牙人控制的爪哇岛上的索罗堡，这使得荷兰人又掌握了檀香的贸易。

这一次航行让雅各布赚得盆满钵满，并在爪哇岛建立了贸易货栈。之后雅各布的舰队与荷兰大西洋舰队合并，完成了荷兰人的首次环球航行。

> 在公元 1505 年以前，毛里求斯还是荒无人烟。当葡萄牙人登上该岛的时候，只见蝙蝠飞舞，于是起名"蝙蝠岛"。公元 1598 年，荷兰人来到这里，以执政官莫里斯的名字将岛命名为"毛里求斯"。荷兰人统治了这里 100 多年。公元 1715 年，法兰西人占领了毛里求斯岛，改称它为"法兰西岛"。

◉ **复活节岛石像**
复活节岛堪称是世界上最神秘的地方，众所周知的就是岛上的石像，它带给人们许多谜团，同时也是岛上一道亮丽的风景线。

◉ **毛里求斯古庙**
毛里求斯的风俗与中国传统崇拜神灵大同小异，祭祀祖先、烧香拜佛、清明扫墓等活动在该岛十分普遍。膜拜的神灵中又以"关帝庙"的香火最为鼎盛。这里的客家人可以是佛教徒，同时又是天主教徒。

第七章
东印度公司成就荷兰海洋霸权

为了利益,荷兰组建了荷兰东印度公司;为了降低风险,他们向全国人民发行了股票;为了保证贸易,他们拥有自己的军队。一切都具备之后,这家公司将触手伸遍了全球。

> 荷兰当时是个仅有150万人口的国家,但它将自己的势力几乎延伸到地球的每一个角落,被马克思称为当时的"海上第一强国"。

荷兰人"不择手段"开展贸易

据计算,荷兰东印度公司鼎盛时期在全球拥有15 000个分支机构,贸易额曾经占到全世界总贸易额的一半;总共向海外派出1772艘船,约有100万欧洲人搭乘4789航次的船前往亚洲地区。

◉ 英西战争结束时签约的双方

荷兰东印度公司拥有超过 150 艘商船、40 艘战舰、5 万名员工与 1 万名雇佣兵,股息高达 40%。在整个荷兰,商船吨位在公元 1670 年超过了英、法、德、西、葡等主要欧洲国家的总和。良好的贸易需要不懈的扩张来保障,荷兰在殖民时期的扩张同样充满血腥。

在巴塔维亚建立荷兰东印度公司的亚洲总部

古代的雅加达只是爪哇沿海一个不太引人注目的城邦,虽然它竭力吸引东西方商人前去贸易,但最重要的香料贸易却被邻近的万丹把持。

公元 1619 年,扬·皮特斯·科恩被任命为第四任荷兰东印度公司印度尼西亚总督,科恩敏锐地觉察到了公司在亚洲扩张的可能性,希望拿下马六甲,以开启南洋战略。但是,由于葡萄牙的坚守,荷兰在马六甲迟迟未能得手,所以只能迂回到南方的爪哇岛,期望从源头上控制香料贸易。

公元 1604 年,西班牙与英格兰签订《伦敦条约》,宣告英西战争结束。英西协议分别停止对爱尔兰与尼德兰的军事介入,且英方放弃在公海上的劫掠行为。战后西班牙重获欧洲西部海域优势,条约整体有利于西班牙。但整个战争过程对两国财政都造成了相当程度的负担,而英国则进入 40 年的萎靡期。

◉ 荷兰人抵达雅加达
荷兰人刚来到雅加达时,雅加达只是爪哇沿海一个不太引人注目的城邦。

● 马六甲杭图亚传奇壁画

公元1511年8月24日，马六甲被葡萄牙征服（马六甲围城战），并成为葡萄牙在东印度群岛扩张的战略基地。
公元1641年，荷兰击败葡萄牙人占领马六甲。
公元1824—1957年被英国人占领。

起初，荷兰东印度公司的首要目标也不是雅加达，而是更有影响力的万丹。荷兰商人在当地建立了好几个可以兼任临时堡垒的商馆，还试图和万丹苏丹签订一个垄断香料的协议。但万丹宫廷中的反荷兰势力十分强大，首相和文武官员都千方百计地想要挤走荷兰商人，甚至不惜和新到此处的英国人合作。在无法得到万丹、垄断香料贸易的情况下，当年5月，科恩率领19艘舰船冲进了雅加达，驱逐了把持香料贸易的万丹军队，荷兰人在战争的灰烬中重建了雅加达，作为荷兰东印度公司的亚洲总部，并改名为巴塔维亚。

在17世纪20年代，科恩将巴塔维亚的原住民赶走、饿死或者屠杀，试图在这里大量安置荷兰殖民者，建立丁香和肉豆蔻种植园，但是当时荷兰人并不愿意移民此地。在

● 雅加达古迹：瞭望塔

雅加达北部的荷兰殖民政府的瞭望塔历史悠久，被当地政府列为古迹。

这种情况下，为了充实人口，荷兰东印度公司开始大量招揽中国人。他们为了吸引中国商人，对移居巴塔维亚的华商课以轻税，并奖励华商招引同乡来巴塔维亚。

随着华商人口的不断增长，在巴塔维亚从事商业活动的人数开始增加，从流动小贩到固定摊贩，再到零售商和批发商，形成了完整的商业网。

荷兰殖民者还极力诱使中国商船前去贸易，以获得大量的中国丝绸、瓷器和茶叶等。这些商品运往欧洲市场发售，可以获取丰厚利润。如公元1621年荷兰东印度公司贩运到欧洲的中国生丝毛利达317%。

巴塔维亚逐渐成了连接东西方贸易的纽带、荷兰入侵东方世界的中转站和东方商业殖民帝国的中心，辐射向西远至波斯、印度和锡兰（今斯里兰卡），向东延伸到马鲁古香料群岛，向北抵达中国和日本的荷兰东印度公司的贸易总部。

荷兰殖民者在中国留下的脚印

荷兰东印度公司曾试图用武力迫使中国开放对荷兰的贸易，当时的明朝政府对于荷兰东印度公司的强盗行径予以反击。

公元1601年，荷兰海军舰队曾到达澳门，请求明朝政府允许他们做生意。他们在广州停留了一个多月，然后离去。

公元1604年，荷兰海军舰队8艘武装舰船占领了中国的澎湖，后经明朝福建南路总兵施德政派兵前去抗敌，迫以兵威，荷兰海军被迫退去。

◉ 雅加达在荷兰统治时期的大炮

这是荷兰统治时期殖民总督府前的大炮，大炮指向的地方过去是大海及港口。

◉ 猫屎咖啡

猫屎咖啡

18世纪初，荷兰人在印度尼西亚的殖民地苏门答腊和爪哇岛一带建立了咖啡种植园，并且禁止当地人采撷和食用自己种植的咖啡果子。印度尼西亚当地人无意中发现麝香猫爱吃这些咖啡果子，并且会在拉大便的时候把豆子原封不动地排出来。这些豆子经过猫咪胃的发酵，产出的咖啡比普通的更好喝了。香醇可口的猫屎咖啡渐渐声名远扬，成为国际市场上的抢手货。

第七章　东印度公司成就荷兰海洋霸权

早在欧洲人听说香料群岛之前，马鲁古北部的丁香及中部岛屿的肉豆蔻已在亚洲交易。

公元1511年，葡萄牙人到达此地，由此引发了后来百多年的争端。首先是葡萄牙人与当地苏丹的冲突，随后是葡萄牙人和西班牙人、英国人和荷兰人之间的冲突，最后荷兰人获胜。这期间争夺该地区控制权的斗争使很多人丧生，得胜的荷兰人赢得了巨大利润。

公元1619年，荷兰与英国组成联合舰队，集结16艘军舰，企图夺取澳门，遭到中国官兵痛击，舰队司令雷约兹被击毙。

公元1622年6月间，荷兰海军再次攻占澎湖列岛。在岛上推行野蛮的殖民政策，修建堡垒，进行奴隶贸易，勾结海盗，骚扰中国沿海。公元1624年2月，福建巡抚南居益派员率军渡海，向盘踞在澎湖列岛上的荷兰殖民者发起猛攻，最终将荷兰人逐出澎湖列岛。

◉ 雅加达古迹：铁锚
一个荷兰殖民时期遗留下来的铁锚，见证了殖民历史。

◉ 雅加达传统木制面具
雅加达的传统木制面具采用当地原生态的木材料制作，面具图案极具特色。

◉ 荷兰人眼中的中国海盗
图中手拿权杖的是他们眼里的中国海盗郑芝龙。

◉ 马鲁古传统风格的雕塑

公元 1642 年 8 月，荷兰殖民者侵占了整个我国台湾岛，开始了对我国台湾人民长达 20 年的殖民统治。我国台湾人民主要协助荷兰东印度公司进行商品交易，荷兰人占领的土地则由他们耕作，种植稻米或甘蔗。当时蔗糖成为荷兰人在我国台湾地区的主要出口品，销往世界各地。公元 1662 年，郑成功在我国台湾人民的支持和帮助下，终于迫使荷军宣布投降，交出城堡。

荷兰人来到中国海域之后，并没有过多地关注当地的贸易，但是却绘制了清晰的海图。

荷兰与日本的贵金属贸易

与明朝通商，一直是葡萄牙、西班牙和荷兰的目标，但是由于明朝的海禁政策，这似乎成了不可能完成的任务，于是他们继续向东，来到了以"金银"著称的日本。当第一批荷兰籍的天主教徒来到这里后，许多荷兰商人紧随着也来到了这里。

日本被荷兰人盯上的主要原因是：

首先，日本盛产金银等贵重金属。荷兰在与亚洲人的贸易中都是使用真金白银，所以想购入更多的商品就需要有更多的金银，而日本却是这种硬通货的产地。

其次，日本虽是小岛，但却吸收了许多中国的文化，能提供一些中国商品的替代品，诸如茶叶、生丝、瓷器等。荷兰商人通过贩售南洋的香料和西方手工制造业产品获得资金，然后采购部分日本商品，转销东南亚或带回欧洲销售。

◎ 郑成功

郑成功（1624—1662 年），又名福松，本名郑森，字明俨，是明末清初的军事家，民族英雄。南明唐王隆武帝赐国姓朱，更名成功，故又称郑国姓、国姓爷。南明桂王永历帝封他为延平郡王，故又称郑延平。

郑成功对荷兰殖民者进行了坚决斗争。他不准商人到我国台湾与荷兰人通商，就这样封锁了两年，搞得荷兰殖民者狼狈不堪。

第七章　东印度公司成就荷兰海洋霸权　| 97

荷兰商人在日本的地位比他们在孟加拉或广州要好不少。很多广州港的商品会被财力更雄厚的英国商人买走。而在日本，没有强敌竞争的荷兰商人可以从容买卖。

瓷器市场垄断：将瓷器生意做得风生水起

荷兰在成为海上贸易霸主后，一直就是中国景德镇瓷器的最大买家。仅仅在公元1602—1657年间，运往荷兰后转售往欧洲其他国家的瓷器就达300万件以上。

荷兰人除了将瓷器运回欧洲各国外，他们还掌控着当时亚洲各国之间瓷器流通的生意，数百万件瓷器通过荷兰东印度公司的商船运往印度、锡兰、缅甸和阿拉伯地区，尤其是钟爱瓷器的日本，成为荷兰最主要的瓷器倾销地。

精明的荷兰人并非单纯买卖瓷器，他们还将中国的原料贩卖给日本人生产瓷器，再由荷兰东印度公司源源不断地运往欧洲，著名的日本伊万里瓷器就是在这个时期诞生的。

> 日本在公元1616—1641年连续发布《锁国令》，先后断绝了和英国、西班牙、葡萄牙的外交与贸易，只与中国和荷兰保持贸易往来，而且荷兰商人被强制迁往长崎的出岛，且没有招致任何报复。

> 马克思说："金银天然不是货币，但货币天然是金银。"

● 日本伊万里瓷器

● 德川家康
德川幕府又称江户幕府，公元1603年由征夷大将军德川家康在日本江户（今东京）所建，是日本历史上最强盛也是最后的武家政治组织。
荷兰是德川幕府时期唯一被允许与日本贸易的列强国家。荷兰传来的医学，日本称兰医，在日本与中医齐名。

98 荷兰与海洋文明

17世纪初期，荷兰人更是自己生产出著名的代尔夫特瓷器，至今仍是世界顶级瓷器品牌。

肉桂贸易垄断：将葡萄牙的据点逐渐蚕食

公元1640年，荷兰东印度公司夺取了葡萄牙占据的印度洋沿岸的斯里兰卡的加勒、锡兰，打破了葡萄牙对肉桂贸易的垄断。

公元1656年，荷兰海军将领杰拉德·彼得斯·霍夫特与斯里兰卡康提王国国王拉贾廷加二世联手夺取了斯里兰卡的重要商业城市科伦坡，从而确保了荷兰东印度公司对肉桂贸易的垄断。为了防止葡萄牙再次占据斯里兰卡，荷兰东印度公司攻击了马拉巴尔海岸的葡萄牙人，并将他们从印度洋西海岸赶走。荷兰就是这样一个城市一个城市地蚕食葡萄牙占领的印度洋沿岸的城市。

◉ 英文缩写VOC的瓷盘
这个印有英文缩写VOC的瓷盘，是清朝时期由荷兰东印度公司定制的。

科伦坡位于斯里兰卡岛西南岸，濒临印度洋，北面以凯勒尼河为界，是斯里兰卡的最大城市与商业中心，是进入斯里兰卡的门户，素有"东方十字路口"之称。公元1521年葡萄牙船队在科伦坡附近登陆。公元1656年5月12日荷兰军队攻克科伦坡。公元1796年2月15日英军占领科伦坡，荷兰人统治时期结束。

◉ 肉桂
肉桂，又名玉桂、牡桂、玉树、大桂、辣桂、平安树、桂皮，为樟科植物肉桂的干燥树皮。树皮芳香，可作香料。

马拉巴尔海岸是一条长而狭窄的海岸线，位于印度次大陆的西南部。

◉ 佛牙寺
佛牙寺紧邻康提王国王宫，佛祖释迦牟尼牙骨就存放在佛牙寺的佛殿之中。

公元1663年，葡萄牙与荷兰达成和平协议，这时葡萄牙在印度仅剩下果阿一个据点。

荷兰东印度公司疯狂地扩张殖民贸易，其高昂的利润为荷兰进行八十年战争提供了充足的资金保障，这也是西班牙发动经济战而未能拖垮荷兰的重要原因。

荷兰打败葡萄牙获得东方航线要塞好望角

好望角隶属南非开普敦，两地距离52千米。以大洋论，西边是大西洋，东边是印度洋。以大洲论，西边是南美洲，东边是亚洲、大洋洲，对面是神秘的南极洲，好望角有着绝佳的地理位置，在苏伊士运河开通之前，它是从欧洲到亚洲、大洋洲的海上必经之地。即便后来开通了苏伊士运河，通行25万吨以上的巨轮依然要走好望角。

葡萄牙发现好望角

公元1488年2月，葡萄牙航海家迪亚士在寻找东方的黄金之国印度时，发现了好望角，当时称风暴角。虽然迪亚士的发现印度之旅无功而返，但是他发现的好望角促使许多欧洲国家把扩张的目光转向东方。荷兰、英国、法国、西班牙等国的船队都先后经过这里前往印度、印度尼西亚、中南半岛、菲律宾和中国，为欧洲人提供了通过好望角向亚洲进发的水道。当然也有很多欧洲人来到好望角，留在了这里，过起了另外一种生活。

好望角被荷兰建设成补给基地

随着荷兰东印度公司日渐强大，精明的荷兰人不再满足于只将好望角作为一个海上航标，他们想将好望角变成从欧洲到亚洲重要的补给基地。

镇压好望角当地人的反抗

在荷兰东印度公司高层的谋划下，公元1652年4月，由

● 巴尔托洛梅乌·缪·迪亚士

公元1488年2月迪亚士发现好望角，当时命名为"风暴之角"，他在这里的崖石上刻下了葡萄牙国王若奥二世的名字，以及葡萄牙盾形纹徽、十字架等。公元1500年5月12日，迪亚士在跟随卡布拉尔的舰队去往印度时，在好望角附近遇到风暴，有4艘船被毁，迪亚士遇难。

范里贝克率领的舰队抵达好望角以北的山脚下，建立了定居点。为了方便喝水和农业灌溉，荷兰人还挖通了水渠，搞起了基础建设。

荷兰人一贯的殖民手段，使得开普敦的科伊族人开始反抗，但是当地人根本不是荷兰人的对手，反抗被一次次地镇压。

好望角建立起居民生活点

刚开始好望角的生活条件比较差，荷兰人都不愿意到此移民定居，所以这里严重缺少管理者。于是荷兰国内制定了一条新的法律：只要是犯了罪的荷兰人，都被发配到这里。

> 好望角名字由来的两种说法：一种是航海家迪亚士满载而归时，葡萄牙国王若奥二世将"风暴角"改名为"好望角"；另一种说法是航海家达·伽马满载而归后，葡萄牙国王曼努埃尔一世才将"风暴角"易名为"好望角"，不管是哪种说法，本书不作求证了，反正均是以示绕过此海角就带来了好运。

● 好望角指示牌
好望角的意思是"美好希望的海角"，是非洲西南端非常著名的岬角，位于34°21′25″S、18°29′51″E处。北距开普敦52千米。因多暴风雨，海浪汹涌，故最初称为"风暴角"。

◉ 范里贝克

范里贝克，全名约翰·安托尼斯宗·赞·范里贝克（1619—1677年），荷兰殖民地管理人、开普敦发现者。

荷兰的这条法律既解决了国内的动乱问题，还帮助好望角建立起居民生活点，但是随着来这里的人越来越多，地方不够大了。他们开始向周边扩张，强占当地部族的土地，为了防止当地人的反抗，公元1679年，荷兰人修建了一座用于军事防御的碉堡——好望堡（在范里贝克建造的木制要塞上，改建的首座军事基地，当年其建筑材料多来自荷兰）。

就这样，荷兰人一点点地将好望角变成自己的补给基地，从而可以通过这里顺畅地航行到亚洲，为东方航线的延长做好了准备。

◉ 发现开普敦纪念币

102 | 荷兰与海洋文明

第八章
精明的荷兰人家有内患，外惹恼英格兰人

17世纪起，经过资产阶级革命而摆脱西班牙统治的荷兰，在短短几十年间迅速崛起，荷兰东、西印度公司傲人的成绩，使得荷兰的综合国力迅速超过许多欧洲国家。

在俄国和波罗的海沿岸，在北美殖民地和东亚，在地中海和西非沿岸地区，荷兰倚仗雄厚的资本，基本上垄断了这里的贸易，甚至连昔日曾经帮助过自己的英国也开始不放在眼里了，然而就在荷兰的发展顺风顺水的时候，其内部的权力斗争使得英国觉得有机可乘。

荷兰西印度公司放弃巴西

就在荷兰红红火火地经营着自己的海洋帝国时，出现了新状况。

500年来在巴西落户的移民来自很多国家，加上不同民族之间的长期通婚，很多巴西人不知道自己的血统中各民族的成分各占几分，他们只是从自己的姓氏中能够猜出自己许多代之前的父系祖先曾是西班牙、葡萄牙人、荷兰人或是犹太人。

● **巴哈要塞**
巴哈要塞始建于公元1598年，是萨尔瓦多历史最悠久的建筑物之一，17世纪时曾经被荷兰占领。

● 萨尔瓦多的圣弗朗西斯科大教堂

圣弗朗西斯科大教堂内部以黄金装饰,所以又有"黄金大教堂"的美誉。公元1552年,萨尔瓦多成为巴西的第一个天主教主教驻地,至今它依然是巴西天主教的一个中心。公元1572年教堂完工,今天这个教堂依然保存完好。公元1583年市内有1600居民,但很快萨尔瓦多就成长为新世界最大的城市之一。

萨尔瓦多是巴西东北的一座滨海城市,巴伊亚州的首府。萨尔瓦多很长时间里直接被称为巴伊亚,20世纪中前期的许多书和地图中被标为巴伊亚(比如在丹尼尔·笛福著的《鲁滨孙漂流记》中)。今天,当地许多人依然将巴伊亚作为萨尔瓦多的称呼。

荷属巴西总督很重视这块地盘

早在公元1500年葡萄牙航海家卡布拉尔在去往印度途中"意外发现"巴西,不过因为巴西没有黄金和香料,所以葡萄牙人并没有将这里放在心上,只是偶尔派两艘舰船过来宣示所有权而已。但是法国不这么看,于是趁葡萄牙人不注意占领了巴西的北里约格朗德地区、累西腓以北地区以及圣路易斯等地,并且越来越多的法国人涌向这里。而葡萄牙在17世纪初实力下降,接连丧失了许多海外殖民地,此时也开始逐渐殖民巴西,开垦种植园,于是和法国产生了矛盾。公元1615年,葡萄牙派兵将法国人都赶出了巴西。

公元1558年,随着奴隶们抵达萨尔瓦多到甘蔗园工作,这里成为新世界第一个奴隶市场。

● 巴西甘蔗林

殖民者为当地的印第安人带来了灾难,但是也为累西腓带来了繁荣。片片甘蔗林撑起了累西腓的历史,累西腓所在的伯南布哥地区更是有"南美糖罐"之称。

◉ 莫里茨皇家博物馆

莫里茨皇家博物馆位于荷兰海牙,这是荷属巴西总督奥兰治家族的莫里茨回国前命人在荷兰海牙建造的(1636—1641年)。该博物馆是荷兰最受欢迎的博物馆之一,也被称为荷兰油画博物馆。

累西腓始建于公元1548年,原为葡萄牙伯南布哥辖区首府奥林达的小港口。公元1630—1654年被荷兰占领,作为其殖民地的首府。其后成为沿海甘蔗种植园地带及其内地农牧区的贸易中心。

此时的荷兰已经通过战争摆脱了西班牙的统治,而且荷兰东、西印度公司成绩不菲,整个荷兰士气正旺,于是在公元1624年5月,荷属巴西总督奥兰治家族的莫里茨率荷兰海军26艘军舰,共450门大炮,攻占了葡萄牙在巴西(东部)的总督所在地萨尔瓦多。此时葡萄牙附属于西班牙,所以在强大的西班牙军队帮助下很快又夺回了萨尔瓦多。

荷兰虽然被打败了,但是并没有放弃对巴西的进攻,在与葡萄牙的拉锯战中,累西腓地区成了荷兰的地盘。莫里茨很重视这块地盘,想把累西腓建设成当时南美洲首屈一指的重镇(葡萄牙夺回萨尔瓦多后,却开始和西班牙发生战争,所以对荷兰占领累西腓的行为,葡萄牙只能暂时装看不见)。

◉ 荷属巴西总督莫里茨

累西腓彩牛飘过大河

17世纪的时候，荷兰统治者控制着累西腓。荷属巴西总督莫里茨在市中心建起了巴西第一座大桥，但财政也因此被消耗一空。荷兰西印度公司的股东们纷纷指责莫里茨。为了尽快获得资金继续建设累西腓，莫里茨想了一个办法：在新年前夕，他在桥的两端设立了收费站，需交费才能通过大桥，同时放出消息"在新年前夜跨过大桥，就能看到一头神牛从河上飞过，而且能得到神牛的庇佑"。就在过年前一夜，老百姓摩肩接踵过桥去看飞牛，莫里茨收足了钱以后，将一头假牛通过连在两岸树梢上的绳索拽过了河，让老百姓大呼上当。这解决了莫里茨的财政缺口，也堵住了荷兰西印度公司股东的责难。

这虽然是一个谎言，但是这个谎言却成就了累西腓地区独特的新年风俗——每当新年都会有彩牛飘过大河。

● 累西腓彩牛

荷属巴西总督被召回

莫里茨动用大笔资金在巴西的累西腓大搞基础建设，以期待"荷属巴西"成为欧洲海外殖民城市发展的标杆和模范，但是这损害了荷兰西印度公司股东们的利益，作为股东，他们认为那些富丽堂皇的仿古希腊建筑过于奢侈，公司没有理由为满足莫里茨的个人爱好而买单。

莫里茨作为荷属巴西总督，在他眼里累西腓是他的作品，他想把它打造成标杆和模范。然而，荷兰西印度公司的股东们只是商人，在他们看来，"荷属巴西"不过是一笔生意，每一枚金币投入都应该产生巨额的收益，因此双方观点有分歧，加之荷兰西印度公司在累西腓并没有赚到钱，从而激化了双方的矛盾。

公元1644年7月，年迈的荷兰执政弗雷德里克·亨德里克将时年40岁的弟弟莫里茨召回国，辅助其继承人威廉二世。

● 19世纪老照片：印第安人

印第安人是美洲大陆最古老的居民，主要分布在三大地区：一是墨西哥东南部和中美洲（危地马拉和洪都拉斯等地）的玛雅人；二是墨西哥高原的阿兹特克人、托尔特克人以及萨波台克人；三是南美安第斯山区（包括秘鲁、玻利维亚和厄瓜多尔）的印加人。

● 弗雷德里克·亨德里克

弗雷德里克·亨德里克（腓特烈·亨利），尼德兰政治家和军事统帅，联省共和国执政（1625—1647年在位）。他的封号包括奥兰治亲王和拿骚伯爵。他是莫里斯的弟弟，莫里茨的哥哥。

"荷属巴西"的梦想破灭

在莫里茨离开巴西后，荷兰西印度公司在"荷属巴西"成立了三人议会，颁布了一些经济与管理相兼容的法令，但是这个决定几乎得罪了"荷属巴西"的所有阶层，接着三人议会又下了一道决议——削减军费，这一下麻烦大了。

葡萄牙已经在公元1640年摆脱了西班牙而独立，一直在谋求翻身的机会，荷兰西印度公司削减军费，导致整个"荷属巴西"内部动荡，让葡萄牙看到了机会。公元1645年，葡萄牙贵族联络巴西当地的贵族和印第安部落，迅速包围了荷兰位于累西腓的首府，切断了它与外界的联系。

此后，荷兰西印度公司的财务状况日益恶化，终于在公元1654年1月26日宣布放弃累西腓。巴西的蔗糖贸易和种植园再次丰富了葡萄牙王国的金库，而荷兰在美洲的殖民地被压缩到最小状态，至于"荷属巴西"的梦想也随之破灭了。

八十年战争的参战双方都派出了强大舰队进行海上对战，疲于战事的西班牙节节败退，最终被迫和谈，在公元1648年与联省共和国签订合约，至此，联省共和国获得了完完全全的独立，即荷兰成功建国。

● 荷兰执政威廉二世

荷兰的"无执政时代"

荷兰执政弗雷德里克·亨德里克死后，荷兰国内政局再次动荡了起来，各方势力蠢蠢欲动。

新上任的威廉二世

亨德里克仿效其他欧洲国家的君主专制制度，于公元1631年借助《继承法案》使共和国执政一职由奥兰治家族世袭，其子威廉二世是法定继承人，因为国内议会对这种世袭制颇有微词，所以他趁"荷属巴西"动荡的时候，将奥兰治家族的莫里茨召回国，辅助其继承人威廉二世。自公元1647年起，威廉二世任尼德兰各省（菲仕兰省除外）的都统。亨德里克死后，威廉二世继承了奥兰治亲王称号，同时继承了父亲亨德里克的荷兰陆海军总司令的职务。

公元1648年，《明斯特和约》和《威斯特伐利亚和约》的签订宣告八十年战争的结束，至此荷兰才实现完全独立。然而因为没有西班牙这个最大对手了，以各地方议会的商业寡头为代表的地方自治派极力主张削减军队的权力。而以奥兰治家族及其支持者为首的贵族则主张维持一支强有力的军队以保证中央集权，新上任的威廉二世要面对的是反对世袭者对自己权力的挑战。

荷兰由此进入了"无执政时代"

各地方议会与奥兰治家族之间的权力斗争开始了。威廉二世私下与法国联盟，意图对抗崛起的英国，然而各地方议会拒绝支持威廉二世，还解散了部分军队。这让威廉二世很

◉ 荷兰王室王旗

上图中4角的蓝色号角就是奥兰治家族纹章，而中间的狮子代表的是拿骚家族。

愤怒，决定用武力控制国会，随即派出 10 000 亲兵包围了阿姆斯特丹，逮捕了 6 名与他作对的议员，并将他们囚禁在卢夫斯坦城堡中。

威廉二世的这个举动激化了与各地方议会的矛盾。荷兰议会迅速集结民兵，准备与威廉二世正面交锋。公元 1650 年，威廉二世离奇病逝，这使得国内战火未能燃起（一种说法是威廉二世突染天花而死，另一民间说法则宣称他死于谋杀）。

威廉二世死后 8 天，其遗腹子威廉三世出生，尽管威廉二世曾有遗嘱要传位于自己未出世的儿子，但是荷兰议会却不管不顾。

公元 1651 年，反对世袭的政治势力在海牙召开各省代表参与议会，宣布废除执政，改行"联省共和制"，荷兰由此进入了第一次"无执政时代"。

如今的共和国，取代了之前的共和国

虽说过去也是"共和国"，现如今还是"共和国"。但是，过去奥兰治家族以执政的身份，通过操作联省政务院左右着共和国的走向，而如今各省议会成为地区最高权力机构，由联省议会的头脑人物选举形成一个名为"摄政者"的寡头阶层，荷兰由原来的"联邦制"，变成了如今的"邦

◉ 卢夫斯坦城堡

◉ 自治派的代表德维特——荷兰电影《海军上将》剧照

第八章 精明的荷兰人家有内患，外惹恼英格兰人 | 109

联制"。虽一字之差，含义却谬之千里。在第一次"无执政时代"，荷兰的防务实际上由各省代表选举出的自治派的代表德维特主持，他也以防范奥兰治家族的东山再起为己任。

而原来手握重权的奥兰治家族，有人回归故里，也有人远走他乡。公元1652年，曾经担任过"荷属巴西"总督的莫里茨，被选为医护骑士团勃兰登堡大团长，为将来奥兰治家族重返荷兰积蓄力量。

曾经的盟友英国开始敌视荷兰

"荷属巴西"的梦想虽然破灭了，但是这并不妨碍荷兰对海洋贸易的垄断，在一次次地损害英国的利益后，英国决定找麻烦了。

早先，因为有着共同的敌人西班牙，在八十年战争中英国曾投入大量的金钱和部队支援荷兰。然而，随着西班牙实力的衰退，双方敌对关系的缓解，以及荷兰的贸易范围及贸易量的稳步增长，英国和荷兰这两个曾经亲密无间的盟友的关系渐行渐远。

17世纪上半叶，荷兰的航海、殖民优势，特别是海洋贸易的垄断权，对英国的商业发展与殖民扩张是一个直接的威胁。

在东方，特别是17世纪下半叶，英国东印度公司的印花棉布贸易迅速扩展，荷兰仗着资本雄厚，开始压制、排挤英国商人，使得英国商人的活动受到了限制。

在西方，由于荷兰船只封锁了同波罗的海诸国的贸易，造成英国造船业严重缺乏必需的木材、大麻、树脂等原材料。

● 荷兰"波里得罗德"号

"波里得罗德"号于公元1646年在鹿特丹建造，重达1646吨，装备有54门炮，是第一次英荷战争期间荷兰海军舰队的旗舰。在公元1658年的斯海弗宁恩海战中被瑞典人击沉。

在公元1623年的安汶岛惨案中，10个英国人、9个日本人和1个葡萄牙人在安汶岛被荷兰人残忍杀死，标志着在东方荷兰人对英国人的"仇恨达到了顶点"。

● 1600—1707年的英国东印度公司旗帜

英国东印度公司创立于公元1600年，最初的正式全名是"伦敦商人在东印度贸易的公司"。英国王室给予一群有创业心和有影响力的商人对东印度的15年的贸易专利特许。

110　荷兰与海洋文明

此外，在北美殖民地，在地中海和西非海岸，英国势力到处受到荷兰的排挤。最令英国不能容忍的是，荷兰竟然在英国附近水域肆意捕捞鱼虾等水产品，甚至还把这些水产品运往英国市场上高价出售，牟取暴利，直接打击了英国捕鱼业。英、荷两国在海上贸易、争夺殖民地和捕鱼业上的矛盾，致使两国关系急剧恶化。

◎ 纳西比战役

公元1645年6月，英国国会军与王军在纳西比附近展开决战。克伦威尔指挥"新模范军"骑兵大败王军，取得胜利。这次战役为国会军在第一次英国内战中获胜奠定了基础。

大麻的品种很多，古时船用大麻一般有蕉麻、剑麻

蕉麻，多年生草本植物，又称马尼拉麻，热带纤维作物，原产菲律宾。厄瓜多尔和危地马拉等国有少量种植。从叶鞘中取纤维。硬质纤维，耐水浸，拉力大。用于织渔网、绳索、麻布或包装袋等。

剑麻又名波罗麻，叶片是制造耐水麻绳的良好材料，拉力强、耐水湿、耐摩擦，在咸水中不易腐烂，是渔业和航运业所用麻绳的材料。

《航海条例》成第一次英荷海战导火索

随着英国日渐强大，有了与荷兰海军抗衡的实力了，于是针对荷兰对海洋贸易的垄断，英国颁布了《航海条例》。

◎ 蕉麻　　◎ 剑麻

第八章　精明的荷兰人家有内患，外惹恼英格兰人

荷兰帮助了克伦威尔的敌人——过去的国王查理一世

荷兰除了在海洋贸易方面伤害了英国的利益，另外英国对荷兰仇视还有一个直接原因：当初英国内战的时候，荷兰帮助了英国国王查理一世，对抗反对派领袖克伦威尔，后来，英国的几场战役之后（其中最有名的一场战役就是纳西比战役），克伦威尔掌握了英国国会的军事力量，使英国形势向有利于革命的方面转化。不久，查理一世成了国会的阶下囚，以叛国罪于公元1649年1月被判处死刑。封建专制的英国变成了资本主义议会制的英国。英国从此走上了资本主义道路。

英国开始渐渐强大了起来

17 世纪中叶，荷兰开始在欧洲建造最大的贸易商船，荷兰的商船数量慢慢地超过其他欧洲国家的总和，荷兰的经济植根于海洋贸易上，这个时期，荷兰海军在不断增强，让荷兰成为欧洲的霸权国。

同时，英格兰海军也在呈几何倍数增长，尤其是在公元 1659 年克伦威尔远征爱尔兰和苏格兰取得胜利之后，将这两国并入英格兰版图，使英国的经济和政治实力大大加强。尤为重要的是，此时克伦威尔拥有了与荷兰相对抗的有效工具：一支强大的海军。这为英国实施新的殖民扩张政策，争夺海洋霸权奠定了基础，英国对荷兰的态度也变得强硬起来。

《航海条例》矛头指向荷兰

为了争夺海权，挤压荷兰在海洋贸易和航运中的份额，同时也希望能够加强对英属殖民地的经济控制，公元 1651 年 8 月 5 日，克伦威尔向英格兰议会提交了《航海条例》，随即获得通过并公开实施。

● 克伦威尔

克伦威尔是 17 世纪英国资产阶级革命中独立派的首领。克伦威尔生于亨廷登，信奉清教思想。在公元 1642—1648 年两次内战中，先后统率"铁骑军"和新模范军，战胜了王党的军队。1649 年，在城市平民和自耕农压力下，处死国王查理一世，宣布成立共和国。公元 1653 年，建立军事独裁统治，自任"护国主"。

● 英荷对峙之外的法国与法国大主教

《航海条例》主要内容如下：

（1）只有英国或其殖民地所拥有、制造的船只可以运装英国殖民地的货物。

（2）政府指定某些殖民地产品只准许贩运到英国本土或其他英国殖民地，包括烟草、糖、棉花、靛青、毛皮等。

（3）其他国家的制造产品，必须经由英国本土，而不能直接运销殖民地。

（4）限制殖民地生产与英国本土竞争的产品，如纺织品等。

很明显，《航海条例》矛头指向了同是海洋强国的荷兰，不可避免地导致英荷两个海洋贸易强国之间将发生商业战争，荷兰一方面表示拒绝接受英国的《航海条例》，另一方面努力与英国谋求和平解决的方案，多次谈判均无结果。

公元1651年12月底，荷兰再次派出外交使团抵达伦敦，恢复了原先中断的英荷谈判。当谈判正在进行时，英荷两国的军事冲突发生了。

◉ 油画：1660年英国议会就《航海条例》实施辩论

公元1651年，英国颁布《航海条例》，公元1660年经过英国议会辩论后，又补充了许多内容。

◉ 油画：第一次英荷对峙

第八章 精明的荷兰人家有内患，外惹恼英格兰人

第九章
第一次英荷战争

随着英荷两国矛盾加深,英荷两国间的海上冲突逐渐增多,英国海军强迫在英国管辖的海域航行的各国军舰和商船需要向遇到的英舰致敬并降旗,导致与荷兰海军的冲突,第一次英荷战争爆发。

英荷多佛尔海战爆发

荷兰海军向英国军舰开火

公元 1652 年 5 月的一天,英国海军上将罗伯特·布莱克率领 20 多艘军舰在多佛尔海峡巡逻,正巧碰上了为荷兰商船护航的由荷兰海军上将马顿·特罗普率领的舰队。

◉ 多佛尔海战 - 刻板画

◉ 多佛尔海峡位置

多佛尔海峡在英伦海峡的东部地区，位于英伦海峡与北海的接触点。多佛尔海峡的宽度是英国与法国间最短的。多佛尔海峡是欧洲到美洲、非洲航线的必经之路，是当时重要的水道。

依照惯例，英国的布莱克上将要求荷兰舰队向其致敬，但是此时的荷兰海军向英国军舰举起拳头，于是双方积蓄的恩怨一下子爆发出来。

马顿·特罗普率领荷兰舰队与布莱克统帅的英国舰队在多佛尔海面爆发冲突，经过长达4小时的激烈炮战，荷兰人损失了2艘战舰，英国主帅布莱克的旗舰遭受损伤。

第一次英荷战争的大幕就此拉开。

英国对荷兰的海洋贸易进行打击

公元1652年7月，英荷两国正式宣战，英国扼守住多佛尔海峡和北海，这是荷兰从事海洋贸易的主要通道。英国要采取切断荷兰对外联系的办法来逼迫荷兰投降。

同时，英国深知荷兰的生存之本在于海洋贸易和渔业生产。于是，英国海军上将布莱克指挥英国海军大肆洗劫荷兰商船，甚至远离军港到北海袭击荷兰的捕鱼船队；去苏格兰北方拦截荷兰东印度公司的运宝船；入波罗的海破坏荷兰与北欧的海洋贸易。

◉ 硬币上的荷兰海军上将马顿·特罗普

英军被迫退入泰晤士河

英荷双方在两国海域、地中海、松德海峡和印度洋同时进行多场战斗，各有胜负，但是英国

第九章　第一次英荷战争 ｜ 115

海军对荷兰商船的海盗行为,使得成千上万艘满载货物的荷兰商船被迫停在港内而不敢擅自出港。

公元 1652 年 12 月 1 日,荷兰海军上将特罗普亲率舰队出海,护送 300 余艘荷兰商船前往大西洋,12 月 10 日,商船队行至邓杰内斯附近,与布莱克率领的英国舰队相遇,于是展开了海战,即邓杰内斯海战(或称达格尼斯海战),英军损失惨重,被迫退入泰晤士河。

◉ 荷兰海军上将马顿·特罗普

马顿·特罗普,荷兰海军统帅,荷兰共和国最伟大的海军上将之一。是荷兰与西班牙、英国的历次海战中军衔最高的海军指挥官(1636 年起)。他在唐斯海战中击败西班牙舰队,使西班牙海洋霸权的地位渐趋式微。

◉ 邓杰内斯海战

英格兰扼守住多佛尔海峡后,牢牢地控制住了荷兰从事海洋贸易的主要通道。荷兰不断挑战英国的封锁,均未能成功,这让英国对荷兰放松了警惕,认为荷兰对英国已不再构成威胁,于是派出 20 艘舰艇去往地中海寻找财富。而这时由于长期作战,大量英国船只仍在修理和维护中,再加之拖欠水手薪水,导致水手不满,这使得英国在自己周边海域的控制能力大大削弱了,导致英国在邓杰内斯海战中战败。

对于这场战争，一位即将离任的荷兰驻英外交官说："英国人即将袭击一座金山，而我们即将袭击一座铁山。"这样的忧虑不无道理。但是狂热的荷兰海军却信心满满，以为胜利唾手可得。

越打越没底的第一次英荷战争

从战争开始阶段来看，荷兰海军拥有绝对的海上优势，荷兰海军信心满满，但是随着战争的"处处开花"，战局开始朝着有利于英国的方向而去。

英国全面备战

英国曾因为支持荷兰对抗西班牙而与西班牙发生英西战争，直到公元 1604 年才与西班牙签订停战协议，这场战争不光消耗了西班牙的财政，同样也对英国财政造成了相当程度的负担，此后英国进入了 40 年的萎靡期。直到克伦威尔将军上台，才使得英国国力渐渐恢复。

如今为了打破荷兰的海洋贸易垄断，英国将全部税收都供给军用，英国泰晤士河的船坞每日都在紧张地建造军舰，使英国的海军数量及火力配置成爆炸式发展，短时间内完全优于荷兰海军。

英国海军通过与荷兰海军的较量不断完善自己的作战能力，在战术上也有了长足的改进。比如，英国海军在公元

第一次英荷战争期间，英国方面制定的战略主要是控制多佛尔海峡和北海，切断荷兰与外界的一切联系，迫使荷兰人投降。为此，英国海军制定了集中强大舰队拦截通过海峡的一切荷兰船只的战术，以确保绝对制海权。

◉ 克伦威尔将军解散议会－刻板画

克伦威尔全名奥利弗·克伦威尔 (Oliver Cromwell, 1599—1658 年)，英吉利共和国护国主，英国政治家、军事家、宗教领袖。

公元 1653 年，克伦威尔驱散议会，当时的国王查理一世成了阶下之囚，而克伦威尔则被认为是议会方面最成功的将军。他自任"护国主"，但国内经济状况不断恶化，阶级矛盾日趋尖锐，克伦威尔始终未能稳定局势。公元 1658 年病死，享年 59 岁。

第一次英荷战争期间，荷兰方面制定的战略是以强大的舰队为商船护航，强行通过多佛尔海峡，确保与外界的联系。

1653年编制的《舰队战斗队列改进条令》大大提高了英国舰队协同作战、相互保护的能力。

同时英国还加强海军训练和管理：改善水兵的薪饷膳食；制定所谓的"奖金"制度，犒劳俘虏或击沉敌舰有功的士兵；还专门从陆军中选出士兵担任职业海军军人，并任命经验丰富的职业军官指挥海军。

随着战争的深入，英国越打越有后劲，军队的战斗力和士气也稳步提升。

对于荷兰来说，战争只是手段，经济才是关键

再看荷兰，从17世纪中叶开始，荷兰就建造了欧洲最大的贸易商船，荷兰的船只数量超过欧洲其他国家的总和，海洋贸易和航运支撑着荷兰的经济命脉，所以战争不可能大过贸易。再加上每日大量商船队经过英吉利海峡，而且商船上几乎很少配置武力，都必须有海军战舰的护航，这大大牵制了荷兰海军的力量，使其战斗力明显受到削弱。

荷兰海军的战术是：当在海上遭遇敌船时，抢占上风方向，向敌舰逼近，然后登上敌舰进行肉搏战。舰队行动时分成小队，依次向敌船逼近，以避免战舰相互碰撞。这种陈旧的战术显然不能适应新形势下的海战。

荷兰越打越没信心

这个时期，荷兰的奥兰治家族被排挤，荷兰内政混乱，所以英国对荷兰的打击更加凶猛。

英军重创荷军，并封锁荷兰海岸

公元1653年2月，当获悉特罗普将率80艘战舰护送200艘商船通过英吉利海峡返航的信息后，布莱克立即率领英国战舰追击。

双方在波特兰岛附近展开三天的海战，尽管指挥此战的特罗普将军在与法国海盗和西班牙海军的长期作战中积累了丰富的海战经验，具有很高的统率

● 火枪手
在17世纪的欧洲，步兵已经开始使用火枪。这种枪使用起来极为不便，它必须从枪口装子弹，要用引火线点火才能发射，遇上风雨，枪就没有任何作用了，打完一发子弹以后，必须重新从枪口装子弹，非常麻烦。

> ● 波特兰海战
>
> 波特兰海战中英国舰队虽然击败了荷兰海军，但是荷兰海军护送的大部分商船均脱离了英国海军的围剿和封锁，安全回到本国。这次海战荷兰虽败犹荣。

艺术，荷兰水兵的战斗素质也比较高，但各舰常常缺乏协调能力，加之装备、数量方面的欠缺，以致在军事方面处于劣势。装备有先进火炮的英国舰队在波特兰海战中击败了荷兰舰队。同年6月，英国海军舰队对荷兰海岸进行封锁。

荷兰虽然战胜英军，但是海军上将战死

当年8月，英国海军舰队开到了离荷兰不远的斯海弗宁恩海域，企图劫掠荷兰商船。特罗普获悉消息后，亲自率领舰艇前去迎敌。特罗普将荷兰舰队分成两队，从两个方向夹击英军，双方爆发了斯海弗宁恩海战，英国舰队被荷兰海军击败，奋力抵抗下逃脱，此战虽然荷兰取得了胜利，但是荷兰海军上将特罗普却在海战中牺牲。

这使得荷兰人对战争更加灰心。

签订《威斯敏斯特和约》，英国初战告捷

荷兰人骨子里始终是个商人，他们并不想战斗，于是开始与英国人秘密举行谈判。

公元1653年11月，英国的克伦威尔两次亲自主持谈判，为的是能够将英国的利益扩大，他甚至曾希望将英荷两国合并，

> 有资料显示：第一次英荷战争开战不到2年，荷兰就被英国俘虏了1700多艘商船，海军水手死伤不计其数，并且由于英国对海洋封锁，致使荷兰国内的粮食、肉类供应中断，社会矛盾险些激化。当时阿姆斯特丹街道上杂草丛生，乞丐遍地，将近1500所房屋无人居住。

第九章 第一次英荷战争 | 119

《威斯敏斯特和约》—1654 年

安汶岛大屠杀

安汶岛是一个位于印度尼西亚马鲁古群岛南部的小岛，位于班达海北岸，塞兰岛西南边。

葡萄牙为了丁香贸易，于公元 1521 年建立安汶岛殖民点。公元 1605 年荷兰东印度公司赶走葡萄牙人接收了香料贸易，公元 1615 年英国人也在岛上建立了一处据点。英国和荷兰两国为了夺取东印度群岛上的香料货源及生产地摩擦不断。公元 1623 年年初，荷兰驻安汶岛总督获得情报，说英国商人勾结日本海盗，欲对总督府发动攻击并加害他，于是，荷兰驻安汶岛总督下令逮捕了嫌疑分子，通过当地法庭宣判，10 名英国人、9 名日本人和 1 名葡萄牙人被处决。随后荷兰驻安汶岛总督命人没收了英国人设在安汶岛的工厂，摧毁英国人定居点，将大部分英国商人赶走，使得当地土著在荷兰人的统治下深受苦难。公元 1654 年在英国克伦威尔将军与荷兰人签订的《威斯敏斯特和约》中，约定荷兰当局赔偿 30 万荷兰盾给那些安汶岛大屠杀中受害者的后裔。

但这显然不可能。因为荷兰为了独立，打了那么多年的仗才摆脱了西班牙。

第一次英荷战争虽然对荷兰有些影响，但不足以使荷兰放弃海洋贸易，荷兰的海军实力仍然不容小觑，双方经过半年的谈判，于公元 1654 年 4 月 15 日签订了《威斯敏斯特和约》。和约规定：

（1）双方实现和平。荷兰人不得同欧洲以外的英国岛屿和殖民地通商，英国也不得同欧洲以外的荷兰岛屿和殖民地通商；

（2）荷兰必须惩办在安汶岛大屠杀中杀害英国人的罪犯，并赔偿受害者；

（3）成立两国代表组成的混合仲裁委员会，以确定 1611—1652 年 5 月 18 日之间在世界范围内相互造成的损失，并限期做出裁决；

（4）在对受难者不给予法律保护的情况下，可以发给私掠船合法证书。

该条约还有个附加的秘密条款（即《排除法案》），规定荷兰声明不选举奥兰治亲王为荷兰执政，和约的签订标志着第一次英荷战争正式结束。

第一次英荷战争结束了，但这只是英荷两国争夺海洋和商业霸权的开始，并没有从根本上解决两国之间的政治和经济矛盾。

战后，荷兰虽然默认了英国颁布的《航海条例》，但是《航海条例》对荷兰的海洋贸易和航运业造成的损失是巨大的，使得荷兰在全世界贸易中所占的份额逐渐下降。

第十章
第二次英荷战争

由于英国长期处于战争状态，国内及整个欧洲都缺乏足够的船只来取代荷兰的商船，加上荷兰想方设法冲破或逃避英国《航海条例》的限制，因此英国在公元1651年颁布的《航海条例》的执行并未产生预期效果，甚至根本就未得到认真的执行。所以第一次英荷战争之后，英国的"好战分子"正在等待机会对荷兰实行另一次打击。

英国新《航海条例》

第二次英荷战争的导火索依然是英国和荷兰两国间的海洋争霸和贸易纠葛，英国这次的野心更大了，试图终结荷兰对世界贸易的控制。虽然英国在战争开始取得了一些胜利，但第二次英荷海战以荷兰的胜利而告终。

战败国荷兰卧薪尝胆

第一次英荷战争结束之时，虽然英国赢得了战争，并摧毁了大量荷兰船只，但是荷兰的财政状况比英国好得多，因此荷兰很快就继续扩充了海军舰队，以弥补战争中的损失。

由于战败的原因，荷兰一直在卧薪尝胆，寻求重新夺回制海权的时机，此时德·鲁伊特海军上将成为荷兰海军统帅，他励精图治，改组海军，并重整了海军的战略思想，即以海军主力寻求与英国舰队决战的机会，夺取制海权。

◎ 德·鲁伊特

德·鲁伊特，全名米歇尔·阿德里安松·德·鲁伊特，是荷兰历史上著名且最优秀的海军上将，英荷战争中的灵魂人物，他在同英国人和法国人的作战中赢得过多场胜利，是荷兰历史上最负盛名的"海上杀手"，也是最令英国人闻风丧胆的"恐怖者"。他死后，荷兰海军便迅速衰败下去。

> 查理二世继位后，英国恢复君主制。他的第一个行动就是重建海军，海军不再是君主的个人财产，取而代之的是成为一个国家机构，并赋予"皇家海军"的称号。

在这种战略思想的指导下，荷兰加紧建造大型战舰。到公元 1664 年，荷兰海军已拥有 103 艘大型战舰，火炮 4869 门，官兵 21 631 人。

战胜国英国海军战斗力被严重削弱

英国虽然是第一次英荷战争的战胜国，但是日子并不好过。首先，在经济上，由于贸易方式是以关税为基础的，所以想要获得更多的利润，就要征收关税。关税与贸易的利润相比，虽然稳妥，但是收入低。

在政治上，公元 1658 年 9 月 3 日，克伦威尔溘然长逝了。公元 1660 年 5 月，原英国国王查理一世的儿子查理二世上台。

查理二世的报复

公元 1660 年，查理一世的儿子查理二世继位，他来到伦敦西敏寺，将父亲的仇人克伦威尔的尸骨挖了出来，并将已经腐烂得只剩下骨头的克伦威尔进行了上吊仪式，向公众展示。

据悉，后来克伦威尔的头颅被人盗走，并被多次进行买卖，直到 1960 年才被葬在剑桥苏塞克斯学院内教堂的地下。

这座教堂有块匾，上书："英国、苏格兰及北爱尔兰之贵族保护者，该校 1616—1617 年校友，奥利弗·克伦威尔之头颅，1960 年 3 月 25 日埋葬于此左近之处。"

查理二世颁布了更为苛刻的《航海条例》，在海外对荷属殖民地展开攻势。另一方面，授予英国海军"皇家海军"的称号，并任命自己的弟弟约克公爵詹姆斯（二世）为最高指挥官。

◉ 克伦威尔的面模

据悉在沃里克古堡以及伦敦博物馆内藏有克伦威尔真实而古老的面模，这个面模是用石膏制成的。曾被当成艺术品，估价 1000 英镑。

◉ 约克公爵詹姆斯（二世）

詹姆斯二世（1633—1701 年），苏格兰斯图亚特王朝第十二位国王、英格兰及爱尔兰斯图亚特王朝第四位国王（1685—1688 年在位）。苏格兰的詹姆斯七世。他是最后一位信奉天主教的苏格兰、英格兰及爱尔兰国王。他是查理一世的次子，查理二世的同母弟。公元 1685 年其兄查理二世无嗣而亡，詹姆斯得以继承王位。

○ 新阿姆斯特丹地图（1660年）

此时英国的海军实力已今非昔比了：这是因为在克伦威尔军事独裁时期，背负了200万英镑的债务，再加上政界和军界的贪腐问题，全年海军拨款仅及海军预算的2/3，造成船只破旧失修，士兵欠薪，士气低落，海军战斗力被严重削弱。

丢失新阿姆斯特丹，拉开第二次英荷战争的序曲

或许是为了转移国内的矛盾，或许是眼馋荷兰的收入，英国率先向荷兰发起挑战。

荷兰正式向英国宣战

英国自第一次英荷战争之后，不断针对荷兰的海洋贸易进行打击，英国王室颁发特许状，组织了"皇家非洲公司"，从公元1663年开始，进攻荷兰在非洲西岸的殖民地，企图从荷兰手中夺取一本万利的象牙、奴隶和黄金贸易。

公元1664年4月，一支英国海军远征舰队占领了荷兰在北美的新阿姆斯特丹，并将其重新命名为纽约。

公元1626年，荷兰西印度公司以一些价值相当低的产品和印第安人做交换，获得曼哈顿岛，荷兰人在此落地生根，将其命名为"新阿姆斯特丹"，居民约300人。公元1664年，英国打败荷兰，占领了"新阿姆斯特丹"，将其改名为"纽约"，这里开始成为英国的殖民地。17世纪下半叶，纽约人口越来越多并成为商业中心，丰厚的农产品得以出口，加上工业制品的进口，带动了当地经济的发展，在缺少劳力的情况下，纽约成为黑奴行业的大本营，人口贩卖相当盛行，种下了美国日后南北矛盾的种子。

○ 皇家非洲公司徽章
公元1660年，英国成立了皇家冒险者开发非洲贸易公司，政府为其颁发了特许状。公元1663年，皇家非洲公司取代了前者，直接垄断了奴隶贸易。

第十章 第二次英荷战争 | 123

英国一次次的挑衅，让荷兰忍无可忍。公元 1664 年 8 月，荷兰海军上将德·鲁伊特率领 8 艘战舰，趁英国不备，收复了被英国占领的原荷属西非据点。公元 1665 年 2 月 22 日，荷兰正式向英国宣战，第二次英荷战争爆发。

洛斯托夫特海战对荷兰舰队造成了重创

两国虽然宣战了，但正值冬季，不适宜海战，所以并没有一开始就爆发激烈的战斗。

公元 1665 年 6 月 13 日，双方舰队在英格兰东海岸外的洛斯托夫特相遇，战斗随即打响。

荷兰舰队拥有 103 艘军舰，搭载了 4869 门炮和 21 631 名官兵，并将舰队分为 3 支分舰队。

英国舰队拥有 109 艘军舰，搭载了 4542 门炮和 22 055 名官兵，并将舰队分为不少于 7 支分舰队。

战争伊始，荷兰舰队处于有力的顺风位置，但由于高层指挥不协调，导致指挥系统未能掌握时机主动攻击，失去有利战机，从而转入混战。

在激战中，荷兰海军旗舰"伊恩德纳赫特"号被击中弹药库，发生爆炸，两位舰队指挥官沃森纳尔和奥布丹阵亡，舰上 409 人仅有 5 人获救。之后，荷兰海军巨舰"奥兰奇"号遭俘虏，被焚毁。荷兰船只纷纷溃逃，损失惨重：至少 17 艘战舰被击沉、3 名海军上将以及 4000 多人战死。英国方面仅损失了 2 艘战舰和 800 多名水兵。

洛斯托夫特海战使英国海军在第二次英荷战争初期保住了优势地位，并对荷兰舰队造成了重创。

荷兰护航战——卑尔根海战

虽然英国在洛斯托夫特海战中战胜了荷兰，但是并没有加强对荷兰的封锁，因为当时英国伦敦黑死病流行，英国财政又长期虚弱，这都使得英军不能保持充足的供给和高昂的士气，所以战胜了荷兰后，英国更加关注的是抢劫荷兰船队的战利品，企图乘胜俘获停在挪威卑尔根港内的 70 艘荷兰商船，于是英国舰队向卑尔根进发。

> 鼠疫也称黑死病，它第一次袭击英国是在公元 1348 年，此后断断续续延续了 300 多年，英国近 1/3 的人口死于鼠疫。
> 到公元 1665 年，这场鼠疫肆虐了整个欧洲，几近疯狂，仅伦敦地区就死亡六七万人以上。1665 年的 6—8 月，伦敦的人口减少了 1/10。

荷兰海军舰队成功将商船队护送回国

再说荷兰，德·鲁伊特海军上将临危受命统率荷兰全国海军。公元1665年8月6日，他亲自率领荷兰舰队驶往挪威，护航停在卑尔根港内的商船队回国，与赶来劫掠的英国舰队在卑尔根海域相遇，战争立刻打响。

德·鲁伊特考虑到所护航商船的重要性，他一边联系丹麦当局，希望丹麦能协助作战，一边派部分军舰断后，其余战舰炮火开路，并不恋战。

◉ 荷兰战舰"团结"号
"团结"号是荷兰标准的大型战舰，参加了两次英荷战争。公元1653年建于多德雷赫特，但它完成得太晚。公元1665年在洛斯托夫特海战中被击沉。

◉ 卑尔根海战－油画

英国舰队在丹麦境内对荷兰商船的劫掠行为损害了丹麦的利益，于是丹麦驻防在卑尔根海域沿岸的堡垒纷纷向英国舰队开炮。

英国舰队在指挥官桑德威奇的指挥下，一边躲避丹麦沿岸的炮击，一边追击荷兰舰队及商船，而荷兰舰队和商船边打边撤。在德·鲁伊特海军上将指挥下，十几天后，荷兰海军舰队将这支装载金银珠宝的商船队安全地护送到荷兰本土。

此战荷兰只有一些被风暴吹离队伍的商船和几艘断后的军舰被英国海军俘获。

英国海军舰队因过错，指挥官被调任西班牙公使

在卑尔根海战中，英国舰队所获颇微，只能眼睁睁地看着荷兰商船队在荷兰海军的护航下顺利逃脱围剿。

所幸的是，卑尔根海战后，公元1665年9月13日，桑德威奇发现了在卑尔根海战中掉队的荷兰商船和几艘战舰，在一场短暂而猛烈的激战后，他们俘获了被狂风吹离荷兰舰队的2艘荷兰东印度公司的商船和4艘战舰，好歹获得了一些战利品。

◉ 荷兰议会-17世纪油画

◉ 荷兰海军剧照——出自电影《海军上将》

获得战利品本是一件好事，可因为英国海军太久没有获得补给了，桑德维奇不愿意等待上交战利品后，再由英国政府对战利品进行统一处理，于是他下令打开货仓，把财富分发出去。事情曝光后，英国国内舆论哗然，虽然英国政府不愿意处理他，但最终还是解除了桑德维奇海军上将的职务，将他调任为驻西班牙公使。

四日海战英格兰初现败象

自黑死病席卷英国以来，让英国付出了惨重的代价，英国急需复苏，因此需要大量的财富，于是变本加厉地对荷兰的海洋贸易进行打击。在一次次与荷兰争夺海权的战争中，英国海军日渐不支。

⬤ 欧洲黑死病的蔓延－插画

然而这时，荷兰又与英国有世仇的法国和丹麦组成反英联盟。公元1666年1月，法国对英国宣战。虽然此时法国并未正式参战，但英国为了防止法国有所行动，不得不拨出24艘战舰防御法国，英国的海军力量由此分散，丧失了优势。

四日战争：荷兰对泰晤士河口进行了短暂的封锁

错误地以为法国舰队来到了英吉利海峡

从公元1666年6月开始，英荷双方连续展开了多次海战。6月11日，荷兰海军的84艘战舰在德·鲁伊特的率领下再次出击。

这时候英国收到一份错误情报：法国舰队已抵达英吉利海峡，准备进攻英国。于是英国国王立刻派其表兄鲁珀特亲

第十章 第二次英荷战争

王指挥"皇家亲王"号,率24艘战舰南下英吉利海峡,堵截法国入侵。随即又派由阿尔比马比尔公爵蒙克率领的56艘舰艇前去支援鲁珀特亲王,迎战法国人。

阿尔比马比尔公爵蒙克原本是作为防御法国人的支援舰队,没想到撞上了荷兰舰队,蒙克不顾军舰数量上的劣势,率领所部与荷兰舰队打了起来。

四日海战,荷兰未能全歼英国海军

6月11日,荷兰舰队占了上风,甚至包围了蒙克的舰队。战至黄昏,英国"绥夫狄秀尔"号战舰遭俘,"亨利"号被重创,前卫支队司令贝克利阵亡。

6月12日,蒙克指挥英国舰队率先发难,双方打成僵局。英国鲁珀特亲王率"皇家亲王"号及舰队赶来支援蒙克,所以荷兰人迅速撤出战斗。

6月13日,蒙克舰队仅剩30艘战舰还可以参战,被迫西撤。鲁珀特亲王率领"皇家亲王"号及舰队与荷兰海军交战,其旗舰"皇家亲王"号被荷兰舰队包围,战舰被焚毁。鲁珀特亲王率其余英国战舰与西撤的蒙克舰队会合。

◉ 四日海战-油画

◉ 17世纪的战舰

英荷战争中参战双方的主力战舰多为清一色的低舷、横帆、两舷装备加农火炮，作战时多艘战舰排成一个长列，以发挥两舷的火力优势。

6月14日，荷兰舰队投入了全部兵力，围剿了鲁珀特亲王和蒙克两人合并后的舰队。但是因为大雾天，使得部分英国舰船逃离，因而未被荷兰海军全歼。四日海战就此结束。

四日海战战果

在6月11日—6月14日短短四天的时间里，英国海军战舰大半被击沉或被俘，近5000人死伤或被俘；荷兰海军损失4艘战舰，2800名官兵战死或受伤。

这个时期英国建造的军舰装备有许多炮，船身吃水比法国船深。因为吃水深，所以能在较高的海浪中平稳地航行。而这时法国的舰船更喜欢追求灵活性和航速，所以当法国俘获英国军舰后，会拆掉一些炮，以减少船身吃水，来提高船的航行性能和灵活性。

第十章 第二次英荷战争

> 英国皇家海军是英国的海上作战力量。现代英国皇家海军起源可以追溯到16世纪初，是英国最古老的军种。在1692年拉和岬海战（拉乌格海战）到第二次世界大战初期，英国皇家海军曾是世界上最强大的海军，直到第二次世界大战期间被美国超越。

这是英国皇家海军史上少有的损失惨重的败仗。荷兰舰队虽取得了胜利，但并未完全摧毁英国舰队。英国花了一段时间修理、整顿舰队之后，海军的规模不但没有缩减，还有所扩大。

圣詹姆斯日海战

荷兰取得了四日海战的胜利，于是就将英国的出海口泰晤士河封锁了，不过好景不长，当年8月2日，泰晤士河口又见到了英国战舰。

荷兰不能忍受刚收获的战果又丢失，于是德·鲁伊特率领荷兰舰队意欲通过泰晤士河，进攻英国首都伦敦，彻底打击英国人。

获知消息的英国方面派出了90艘战舰和20艘纵火船迎击，圣詹姆斯日海战爆发。战斗从8月4日持续到8月5日清晨结束，此战英国海军完胜，重新掌握了制海权。

荷兰海军的损失数字是巨大的，伤亡7000余人，损失20多艘战舰，相较之下英国仅1200人死亡。

虽然英国赢得了这次胜利，但是国力却越来越弱。

奇袭查塔姆

持续了两年之久的第二次英荷战争，使得两国的消耗都非常巨大。

对英国来说更加头疼：国内有黑死病，又在公元1666年9月2—5日爆发了伦敦大火，让英国遭受了前所未有的

◉ 英国鲁珀特亲王

> 海军是一个耗钱的军种。无论是造军舰、建码头、招募水兵、培养军官还是采购装备、供应给养、维护修理等，都需要大笔的资金。在经过第一次英荷战争之后，英国获得了足够的资金，所以海军发展得非常迅速。

损失，这对英国来说雪上加霜，自此之后，英国就不断和荷兰联系，希望进行和谈。

对荷兰来说，虽然战争消耗巨大，但是依旧有海外贸易、手工制造业、捕鱼业和造船业等可以维持。自从荷兰打败了西班牙之后，英国成了他们海外贸易中最大的绊脚石，因此荷兰要与英国死磕到底。

所以，荷兰对于和谈的欲望并不强烈，一边和英国和谈，另一边荷兰议长德维特秘密下达了军事行动的授权：摧毁谢佩岛上的查塔姆船坞中正在整修的英国舰队。

偷袭：摧毁谢佩岛上的查塔姆船坞中的英国舰队

经上一次圣詹姆斯日海战失败后，荷兰海军上将德·鲁伊特经过多方研究考察，发现要想通过泰晤士河口对英国本土进行打击，就需要避开英国在泰晤士河上的暗哨。

组建荷兰海军陆战队

德·鲁伊特收到荷兰议长德维特下达的命令之后，他分析认为偷袭成功的可能性非常高。为了达到目的，德·鲁伊特组织了 10 艘福禄特商船，搭载了新成立的荷兰海军陆战队 2700 名队员。这是世界上最早的专门从事两栖登陆的海军陆战队之一。一切准

● 伦敦大火纪念碑
伦敦大火发生于公元 1666 年 9 月 2—5 日，是英国伦敦历史上最严重的一次火灾，烧掉了许多建筑物，包括圣保罗大教堂，伦敦大火造成了大约 1000 万英镑的经济损失。当时伦敦市的年收入是 12 000 英镑，理论上说，灾难损失需要 800 年才能弥补。但伦敦大火也解决了自 1665 年以来伦敦的鼠疫问题。
伦敦大火纪念碑的碑柱为古罗马风格的多利安式。纪念碑为圆柱形带凹槽，柱内中空，有 311 级旋转楼梯直通碑顶，在那里可远眺伦敦金融城风光。眺望台的铁栏杆都是用当年烧熔的铁器重新铸成的。

第十章 第二次英荷战争 | 131

备完毕之后，公元 1667 年 6 月 6 日，德·鲁伊特将荷兰海军陆战队的舰队分为三支小分队，悄悄开进泰晤士河口，紧随其后的是荷兰海军大部队。而此时拥有强大间谍网的英国竟然丝毫没有发现荷兰人的行动。

查塔姆船坞被荷兰人攻下

6 月 10 日，荷兰海军陆战队的舰队通过泰晤士河到达谢佩岛，海军陆战队员在舰船炮火的掩护之下迅速登陆，将岛上防守薄弱的加里森角堡拿下，紧接着又攻占了岛上的希尔内斯堡，至此，防守的英军堡垒仅剩下阿普诺城堡了。

> 谢佩岛在英格兰泰晤士河口，由泰晤士河冲击而成，是泰晤士河三角洲最大的岛屿，历史上岛上曾建立过监狱。谢佩岛在英格兰航空发展史上占有重要的地位，是英国皇家航空俱乐部的创建地。

> 查塔姆位于英格兰东南麦迪入海口，历来是英国东海岸要隘之一，公元 1613 年英国在此建立皇家造船厂，此后查塔姆便成为英国最主要的舰艇建造和修理基地。

● 阿普诺城堡

● 查塔姆船坞

查塔姆船坞在 300 余年间为英国皇家海军建造了 400 多艘舰艇，其中包括纳尔逊的旗舰"胜利"号，"二战"中共有 1360 艘舰艇在此处修理和改装，1984 年 3 月 31 日海军基地和造船船坞永久关闭，从此向公众开放。

英国人见荷兰人来势汹涌，害怕荷兰人从水路攻击，于是将破旧的船只都沉入河道，以阻止荷兰人的进攻。但是这些毫无作用，因为根本无法阻挡荷兰海军陆战队的突然袭击，而荷兰海军则在海军陆战队袭击阿普诺城堡时，将通往查塔姆船坞的水道连夜清理干净了，第二天天刚亮，荷兰海军就对查塔姆船坞发起了攻击，很快就将查塔姆船坞攻下。

荷兰海军战果：《布雷达和约》结束第二次英荷战争

这次奇袭给英国造成了近20万镑的损失，英国皇家海军的"马蒂亚斯"号、"皇家詹姆斯"号、"忠诚伦敦"号、"皇家橡树"号被荷兰燃烧船攻击焚毁，"皇家凯瑟琳"号遭到重创。

在未交战的情况下，英国皇家海军旗舰"皇家查理"号被荷兰俘获。在毫无阻拦的情况下，荷兰海军安全撤退，临行之时还将"皇家查理"号拖回了荷兰。

◉ "皇家查理"号
这艘船原名为"内斯比"号，公元1652年建造，公元1660年改名为"皇家查理"号，长而瘦的外形反映了当时最新的设计趋势。三个甲板上有80门重炮，非常强大。在公元1667年荷兰突袭谢佩岛时被荷军捕获。

英国遭此大败，加之黑死病和伦敦大火两重灾难，已无力再战。

公元1667年7月31日，英荷两国签订了《布雷达和约》，根据和约，英国放宽了《航海条例》，放弃了在荷属东印度群岛方面的权益，并归还了在战争期间抢占的荷属南美洲的苏里南；荷兰正式割让哈得孙流域和新阿姆斯特丹，并承认西印度群岛为英国的势力范围。这让英荷两方更加清晰了彼此的势力范围。

第二次英荷战争结束。

● 橡树

公元1551年，荷兰人在苏里南河口处建立第一个移民点。
公元1593年，被西班牙探险者宣布为西班牙属地。
公元1602年，荷兰人开始到此定居。
公元1630年，英国移民从巴巴多斯移民到苏里南经营烟草、甘蔗种植园，并占领了苏里南。
公元1667年，荷兰和英国签订《布雷达和约》，荷兰将北美洲的新阿姆斯特丹让给英国，以此取得对苏里南的殖民统治。

苏里南的印第安人部落的求婚方式很特别，男子向女子求婚时需要送鱼，表示自己是捕鱼能人，能够承担起家庭重担，如果姑娘有意就会亲手把鱼烹成美味回赠给求婚者。

皇家橡树的来源

这是一棵救了查理二世命的老橡树。

当年英国国王查理一世被克伦威尔赶下台并杀害了，国王的儿子查理二世逃亡后得到了苏格兰的支持。公元1651年8月，查理二世为寻父仇，率领苏格兰人攻打英格兰，结果被克伦威尔全歼，查理二世只身出逃，被追兵紧追，在紧要关头，查理二世发现了一株中空的老橡树，于是侧身藏于其内，避过追兵。

后来通过查理二世的不懈努力，终于夺回了英国国王宝座，为纪念和褒奖，他将那棵老橡树封为"皇家橡树"。

自此，皇家橡树成了战神，也成为海军的吉祥物。自那时开始，有4艘英国皇家海军的战舰用过它命名。

苏里南的印第安人捕鱼不靠渔网或者鱼钩，而是在发现水中有鱼后射出弓箭，命中率极高。在苏里南不会射鱼的男子往往会被嘲笑："你还是去买根鱼竿吧，因为你不会射鱼。"

134 | 荷兰与海洋文明

第十一章
第三次英荷战争

欧洲各国之间的结盟与战争一直伴随着利益改变而改变，经过前两次英荷战争，英国实力大减，但是英国一直耿耿于怀，伺机报复。

法国想称霸欧洲

公元1661年，在英荷两国忙着打仗、抢夺对方利益的时候，法国国王路易十四亲政，他励精图治，想要称霸欧洲。

荷兰阻拦了法国的野心

从公元1667年开始，法国对西班牙用兵，发动了遗产战争（1667—1668年），法国大军由东北沿途而下，占领西班牙的领土，当法国军队到达西属尼德兰（今比利时）时，却被三十年战争中的盟友荷兰插手干涉，荷兰阻拦了法国的野心。

◉ 遗产战争－油画
遗产战争是一场爆发于法国和西班牙之间关于西属尼德兰归属问题的战争。

当时荷兰的政府首脑、商人出生的荷兰议长德维特（当时欧洲最有权力的人物）对法国的扩张非常担忧，因为西属尼德兰一直是法荷间的缓冲区，如果被法国占领，就会威胁到荷兰的国土安全。于是公元1668年德维特联合英国、瑞典成立"三角同盟"，要求法国与西班牙议和，并归还占领的西班牙领土，否则"三角同盟"就会对法国宣战。

法国收买了"三角同盟"的成员，与英国签订了《多佛秘密条约》

法国国王路易十四没想到自己的盟友荷兰会反对自己占领西班牙领土，因为法国一直在帮助荷兰对付英国，而如今荷兰却联合英国来对付自己。这使得路易十四措手不及，被迫接受了荷兰的要求，答应和西班牙议和，路易十四从此对荷兰产生了强烈怨恨。

路易十四不甘心自己称霸欧洲的梦想破灭，于是在大规模扩军之后，派使臣雨格·李奥纳去往瑞典，用大量的财富收买了瑞典国会，使瑞典退出了"三角同盟"，并承诺保持中立。之后他又派人去英国游说，提议英国与法国合攻荷兰，法国将提供部分战争经费，事成后双方瓜分荷兰大半国土。

法国的游说很有效果，因为在第二次英荷战争失败后，英国受到荷兰的威胁，甚至连加入"三角同盟"也是被荷兰威逼的，查理二世一直愤恨不平，渴望复仇。

英国和法国一拍即合，于公元1670年签署《多佛秘密条约》，英王查理二世与法王路易十四结盟，计划在两年后联合攻打荷兰。

● **英国国王查理二世**
查理二世是苏格兰斯图亚特王朝第11位国王和英格兰及爱尔兰斯图亚特王朝第3位国王，生前获得多数英国人的喜爱，以"欢乐王""快活王"闻名。

查理二世与法王路易十四是表兄弟，查理二世的母亲是法国公主，也是路易十四的姑姑。

为了收买英国和自己站在同一战壕，法国国王路易十四不仅开出了巨额军费用来弥补英国海军，同时还向英国王室提供16.6万英镑的赞助。当然，作为回报，查理二世需要加入天主教，并与法国共同对荷兰作战；路易十四有出兵镇压英国可能发生"骚乱"的义务。

> 路易十四非常喜欢收藏艺术品，而且他创办了各种艺术院校，资助文学、绘画、雕刻、音乐、戏剧甚至是芭蕾舞领域的艺术家，也因此诞生了历史上的许多伟人，比如音乐家让·巴普蒂斯特·吕利、戏剧家莫里哀，以及集哲学、物理学、数学家于一身的笛卡尔等。

公元1672年，法国对荷兰宣战，英国也退出了三角同盟，援助法国对荷兰作战。

第三次英荷战争爆发

第三次英荷战争是一场海上和陆地同时进行的战争。法军从陆地、英军从海上两面向荷兰发起了进攻。

海峡之战

公元1672年3月，在没有宣战的情况下，英国海军12艘战列舰以及6艘小型战舰，对荷兰5艘战舰和72艘商船（其中有24艘是武装商船）发动了袭击。

荷兰舰队司令哈恩竭力与英国舰队周旋，终于抵挡住了英国舰队的攻击。在被击沉1艘、被俘房3艘商船的情况下，大多数荷兰商船安全抵达了目的地。

这场战役被称为海峡之战，成为第三次英荷战争爆发的起点。

荷兰沦陷，威廉三世临危受命

陆地上，路易十四派遣12万大军进攻荷兰，原本号称"最强防线"的荷兰堡垒，面对法国天才工程师沃邦将军所研发的新式攻城战术时居然一触即溃、全面崩盘。法军迅速占领了荷兰大部分的国土（7个省有5个已基本沦陷），造成荷兰的大恐慌与政

◉ **法国国王路易十四**

路易十四（1638—1715年），全名路易·迪厄多内·波旁，号"太阳王"，是波旁王朝的法国国王和纳瓦拉国王。在位长达72年3个月18天，是欧洲历史中有确切记录在位最久的独立主权君主。

变，史称"灾难年"。

法国军队势如破竹，直取荷兰腹地，6月20日，随着乌特勒支沦陷，法国已经占领了60%以上的荷兰领土，兵临荷兰首都阿姆斯特丹城下。荷兰议长德维特早已没了主张，连忙派人向法国国王路易十四求和。但是路易十四却提出了十分苛刻的和谈条件：荷兰割让莱茵河以南的所有领土；赔偿法国军费2000万荷兰盾；法国在荷兰保有驻军权；荷兰所有港口向法国船只开放，并且免除一切关税；荷兰必须恢复天主教教会等。

这是卖国求和，荷兰议长德维特尚未做出回应，荷兰人民率先愤怒了，国内激愤的群众逼使德维特下台，其后来更被暴民活活打死，昔日荷兰国父威廉一世的曾孙奥兰治亲王威廉三世临危受命为荷兰执政，拯救国难。

掘开大堤，将法国陆军冲垮

法军连连得胜，突破了埃塞尔河防线，直逼荷兰首都阿姆斯特丹。无奈之下，刚出任荷兰执政的威廉三世忍痛下令掘开世世代代保护荷兰人休养生息的须德海堤坝，汹涌的海水立刻涌入了良田沃野，须德海和莱茵河之间成了一片汪洋大海，成千上万的荷兰人转移到了船上撤离。法国人擅长陆战，面对汹涌的海水只能狼狈撤退才免了遭受灭顶之灾，至此，荷兰陆上的危机基本解除。

> "须德海工程计划"是由荷兰著名水利工程师莱利设计的。荷兰人民为了纪念他的功绩，在大坝的西端建有他的塑像，并将在围垦地上建成的新省省会命名为莱利市。

● 荷兰拦海大坝

"尼德兰"意思是"低地之国"，它的国土低于或几乎水平于海平面的土地面积超过一半，随着须德海的海水侵蚀，土地面积一直在流失，于是荷兰人一直同大海进行斗争，大量建筑堤坝围海造田。从13世纪开始，荷兰人更是为了保卫赖以生存的土地而大量建造堤坝。

图片中的须德海的堤坝是1932年建造的宽90米、高出海面7米的拦海大堤，彻底把须德海湾与北海大洋隔开了，为荷兰向大海争夺了更多的土地。

◉ 索莱湾海战－油画

但如此一来，荷兰捍卫国家独立的重任就落到了海军的身上。

荷兰迎战英法海军——索莱湾海战

阿姆斯特丹决堤阻止了法军从陆上的进攻，但是荷兰要取得最后的胜利，还需要击败英法联合舰队。

法国海军不足为惧，荷兰海军主要的对手是英国海军

此时德·鲁伊特已经65岁高龄了，仍执掌荷兰海军帅印。他分析了敌军情况后，认定敌军的核心是英国海军，法国海军不仅弱小，而

法国海军在公元1624年由黎塞留正式改名为国家海军，也是在这一年，黎塞留从讷韦尔公爵手里购得了4只小型战舰，成为法国国家海军的第一批船只。

◉ 黎塞留——法国海军之父

且缺乏战斗经验，不足为惧。因此他制定了集中主力对付英军，只分出一支小舰队牵制法国舰队的战略。

在战术方面，他把主力部署在靠近荷兰海岸的浅海中，为的是可以随时寻求浅滩作掩护，觅机向英国舰队发动进攻。

偷袭英法联合舰队的锚地——索莱湾

公元1672年6月7日，荷兰海军直接将战舰冲进了英法联合舰队的锚地——英国东南部的索莱湾，偷袭停泊在此地的英法联合舰队（后文将简称为"联合舰队"）。

荷兰海军事先在港外布置了封锁线，利用涨潮放出纵火船，使联合舰队陷入混乱。在荷兰舰队的炮击之下，英国舰队很快控制住了形势，迅速编队出港迎战。而法国舰队则不愿意消耗自身的实力，一味作壁上观。

后来由于英国海军援军加入战斗才逼退了荷兰舰队，结束了这场战役。此战英国损失了4艘战舰、2500多人；荷兰则损失了2艘战舰、2000多人。

虽然从战果上看双方打成了平手，但是战略意义重大。荷兰先发制人的进攻不但粉碎了英法对荷兰本土入侵的计划，也让处于生死存亡之际的荷兰有了一丝喘息的机会。

● 路易十四时代法国巴黎街头的穷人－油画

在路易十四时代，频繁的战争榨干了法国的财富，农民陷入极端贫困，财政濒临崩溃边缘，这一切都极大削弱了法国的力量。

第三次英荷战争的尾声——特塞尔之战

公元1672年8月，年仅22岁的威廉三世在荷兰生死存亡之际就任荷兰执政和陆海军统帅。他积极展开外交活动，终于在公元1673年的春天争取到了奥地利、西班牙、普鲁士的支持，战争的规模进一步扩大。

粉碎了英法登陆荷兰本土的企图

公元1673年6月7日，英法两国再次集结舰队输送陆军，打算登陆荷兰本土。但是荷兰海军在德·鲁伊特的率领下，经过两次库内维尔海战，粉碎了他们的登陆企图。

公元1673年年底，荷兰执政威廉三世帮助奥地利主帅拉依蒙多·蒙特库科利攻下被法国占领的奥地利领土波恩，至此，法国军队欲通过奥地利进入荷兰的企图破灭了，荷兰本土保住了。荷兰战局由于奥地利的加入而有了新的变化：以普鲁士为首的德意志联军，开始跨越莱茵河中游威胁法国本土；而作为荷兰盟军的西班牙，在法国所控制的意大利地区四处挑起战火，使得法国疲于奔波，无法顾及英荷之间的战争，只能派作战能力并不强大的法国海军协助英国海军与荷兰作战。

英国因与法国结盟而入侵荷兰，如今法国被迫撤军，退出荷兰本土，只派遣没有战斗力的法国海军参战，对英国来说依旧是孤军对荷兰作战，加上荷兰执政威廉三世派人到英国花重金游说英国国会议员，并煽动反法舆论，激化英国市民对天主教法国的恐惧与仇恨，使得英国国会逐渐反对与法国结盟，不愿继续拨款给查理二世。

⊙ 特塞尔之战－油画

⊙ 特塞尔岛灯塔

● 英国"圣·安得烈"号战列舰

"圣·安得烈"号战列舰建造于公元 1673 年,重达 1338 吨,载着 96 门大炮,属于当时第一流的战舰,是第三次英荷战争期间的一艘英国旗舰。

● 特塞尔岛上的荷兰战舰船头

企图登陆特塞尔岛失败

公元 1673 年 8 月,英法舰队又一次纠集力量,约 2 万陆军集结在英国,企图登陆特塞尔岛。荷兰舰队事先得到情报,德·鲁伊特将麾下舰队分编为三个分舰队:他本人指挥中央分舰队;班克特指挥先驱舰队;小特罗普指挥后卫分舰队。

8 月 21 日夜间,德·鲁伊特指挥舰队成功插入敌方舰队与海岸之间的缝隙。拂晓时分,他主动向英法联军发动进攻。于是双方三个分舰队开始捉对厮杀。尽管英法联军兵力占了优势,但荷兰水兵士气高昂,双方战斗可谓空前激烈。

德·鲁伊特与英国将领拉帕尔 3 次更换旗舰,仍英勇作战。

破除僵局的是双方的前卫分舰队:法国分舰队的水兵训练很差,作战消极。指挥官德埃斯特雷本想以数量上的优势包围荷兰班克特舰队,但荷兰一方的班克特突破了法国舰队的战列线,使得法国舰队陷入了混乱中。很快,法国舰队就退出了战斗。于是班克特及时率军前往援助德·鲁伊特率领的中央分舰队。

原本英国的鲁珀特亲王打算将适于浅海作战的荷兰舰队向西引向深海,但此时后卫分舰队交战的激烈程度引起了双方中央分舰队的注意:英国分舰队指挥官斯普拉格在两次转换旗舰之后殉职。鲁珀特亲王与德·鲁伊特双双率领麾下分舰队赶来支援己方的后卫舰队,而班克特指挥的荷兰先驱舰队也加入了战斗。

这场海战一直持续到了晚上 7 点，夜幕降临之后英方认为登陆作战无望，遂退出了战斗。此役双方都未有战舰被击沉，但严重受创的船只不计其数。英法联军损失了 2000 多人，荷兰方面伤亡了 1000 多人。

荷兰暂时消除了海上威胁，取得了制海权

此役后，荷兰暂时消除了海上威胁，取得了制海权，荷兰战胜了入侵者。

此战结束了英荷两国为了控制海洋所引发的一系列战争，导致了英法的最终决裂。在对荷兰海战中，英国连连失利，而法国却日益强大了起来，使得英国政府对英荷战争失去了信心。之后，英国议会削减了海军军费，使得英国海军无力再与荷兰开战。

公元 1674 年 2 月，英荷两国签订了《威斯敏斯特和约》，并恢复了战前状态，和约中约定两国在公元 1667 年签订的《布雷达条约》继续有效，荷兰同意给英国以巨额赔偿，承认英国在欧洲以外夺取的原荷兰领地的所有权，英国则保证在法国和荷兰之间的中立。

由于《航海条例》在英国与其殖民地和波罗的海之间的贸易中排除了荷兰人的势力，到 1689 年，这些海域的英国船只增加了 3 倍。英国海员数量也以同样的速度增长，为战争提供了至关重要的战略资源，并且终结了荷兰在航海技术上的领先地位。

这对荷兰来说是极大的威胁，紧接着荷兰受到邻国法国的进攻，使得荷兰不仅要自强，还必须要寻求盟友。

◉ 和约签署地：布雷达城堡

第十二章
暮日西斜,霸权不再

法国不但挑起了第三次英荷战争,而且积极参与攻打荷兰本土,如今英国和荷兰议和,只剩法国依旧对荷兰虎视眈眈,所以荷兰的战争依然在持续。

法荷战争结束曲

荷兰执政威廉三世的一番举措挽救了荷兰共和国,同时也维持了荷兰海外殖民帝国的稳定,但是对手法国又有了新的动作。

反法同盟的失利

公元1674年,法国国王路易十四用重金拉拢瑞典并与之结盟,诱使瑞典进攻德意志地区,使得勃兰登堡与神圣罗马帝国抽回援助荷兰的兵力。公元1675年,勃兰登堡选帝侯腓特烈·威廉击败瑞典军队,使得一向敌视瑞典的丹麦,趁机与荷兰结盟并向瑞典宣战,爆发了斯科讷战争。

● 斯科讷战争－油画

之后，法国的一系列动作使反法同盟受到冲击，公元1674年后荷兰出现败多胜少的不利情势。

法国还颁布了一系列针对荷兰经济的举措：比如，路易十四采纳财政大臣柯尔贝的计策，大幅提高对荷兰商品的关税，让荷兰商人损失惨重。

公元1676年，在荷兰对法国的西西里岛战役中，荷兰海军上将德·鲁伊特负伤而死，荷兰与西班牙对地中海的控制权被法国抢去。

法国经济、军事双管齐下的动作让荷兰、西班牙与德意志等反法同盟国连连失利。在法国统帅孔代亲王的指挥下，德意志的洛林被夺去；西班牙的弗朗什孔泰与部分佛兰德斯也被占领。若不是拉依蒙多·蒙特库科利与蒂雷纳和孔代亲王相抗衡，让后两者一死一退，反法同盟的损失可能会更加惨重。

公元1674年4月，荷兰海军统帅德·鲁伊特在一次与法军的交战中身负重伤逝世，而法荷战争一直拖到了公元1678年才宣告结束。

德·鲁伊特死后，荷兰人民给他修建了最华丽的坟墓，将他的遗体安置在荷兰中央政府所在地海牙。这个华丽的坟墓不仅埋葬了荷兰的民族英雄，也埋葬了荷兰海上称霸的英雄时代。

没有永远的敌人，只有永恒的利益

公元1678年3月，法国军队占领南尼德兰的根特与伊珀尔，使得反法同盟慌了手脚。

这时，在法国与荷兰战争期间，英荷关系已经得到了缓和，并且荷兰执政威廉三世与英国新国王詹姆斯二世的女儿玛丽公主结了婚，这一事件明确地向法国宣示：英国将加入荷法战争，而且还是荷兰的盟友。

因为英国加入了反法联盟，使得反法联盟的力量更加强大。不过，接连的失利也让反法联盟各国表示愿意与法国和谈，法国见好就收，在英国加入战斗之前，同意了和谈。

◉ 威廉三世
荷兰的威廉三世即英格兰的威廉三世（1650—1702年），也是苏格兰的威廉二世、奥兰治的威廉亲王，奥兰治亲王、荷兰执政、英国国王。他是荷兰执政威廉二世与英国国王查理一世之女玛丽·亨利埃塔·斯图亚特的独子。

《奈梅亨条约》宣告法荷战争结束

公元1678年，随着《奈梅亨条约》的签署，法荷战争宣告结束。该条约让荷兰领土完全恢复，并得到低关税的优惠。瑞典重新掌握了战争中失去的西波美拉尼亚。法国则成了此战最大的受益者，明确了法国对弗朗什孔泰、佛兰德斯和埃诺地区部分城市的所有权（这些地区原本属于西班牙所有）。按照条约规定，法国应当归还洛林公国给德意志的洛林公爵（但法国保留驻军权），可是洛林公爵不愿让法军驻扎在其领地，拒绝在条约上签字，所以洛林继续被法国占领，直到公元1697年的《赖斯维克和约》签署之后才归还给洛林公爵。

● 17世纪的奈梅亨鸟瞰图
这幅巨大的画作很好地描绘了奈梅亨在17世纪的模样。这是一张鸟瞰城市的地图，显示了整个城市的广度。

法荷战争结束后，以荷兰、西班牙和瑞典为代表的海洋贸易国家开始衰败，荷兰受限于英国和法国包围的地理格局，其原本在海洋贸易的优势，最终在公元1713年转移给英国；而瑞典基于传统的军事优势，却无法阻挡勃兰登崛起；西班牙则是持续走向衰落。在18世纪初，西班牙与瑞典两国的海外殖民地几乎被其他列强瓜分。

● 纪念《奈梅亨条约》签订的纪念币

入驻伦敦，英荷并政

荷兰执政威廉三世的母亲玛丽是英国公主，

146 荷兰与海洋文明

而他的妻子玛丽也是英国新国王詹姆斯二世的女儿，并且是英国王位的继承人。

成为英国国王兼荷兰执政

詹姆斯二世登上英国国王之位后，企图重新将天主教定为国教，在宗教问题上和英国议会矛盾尖锐，引发了国民的强烈不满，詹姆斯二世还欲强行解散议会，这使他众叛亲离。

而作为詹姆斯二世的女婿，威廉三世在宗教上一贯宽容，获得了新教徒的好感，因此英国议会私下和威廉三世联系，希望他能够入主英国。

公元1688年6月30日，威廉三世趁岳父詹姆斯二世众叛亲离的时候，率领大军前往英国，一登陆就宣布将保持英国新教政策和自由，由此吸引了大批的支持者，英国人纷纷倒戈，詹姆斯二世面对荷兰大军压境，其支持者一瞬间就四散溃逃，他本人只得逃往法国。

公元1689年2月13日，英国议会确认威廉三世和其妻子玛丽为英国王位的继承人。4月11日，威廉三世和玛丽在威斯敏斯特宫举行了加冕仪式，正式成为英国国王。

威廉三世成为"英国国王兼荷兰执政"，这是英荷两国在历史上唯一一次被划到了同一个人的名下。

◉ 詹姆斯二世的皇宫生活－油画

◉ 马尔伯勒伯爵：约翰·丘吉尔
约翰·丘吉尔是英国第一代马尔伯勒公爵，靠着他妻子萨拉·詹宁斯与安妮女王的私密友谊，以及他个人卓越的军事、外交才能，在公元1702年成为英国最有权力的男人。

威廉三世一生的主要精力都花在同当时欧洲权势最大的人物法王路易十四的斗争上，他使他名下的英荷两国成为反法同盟的主力。公元1701年，为防止法国和西班牙合并，他成为西班牙王位继承战争（1701—1713年）的主要发动者之一。但他与当时英军的统帅马尔伯勒伯爵曾一度发生矛盾，以致引起英国政局动荡，后来终于达成和解，马尔伯勒伯爵后来在西班牙王位继承战争中成为路易十四的克星。

○ 威廉·弗里索

○ 普鲁士国王腓特烈一世

两国共主威廉三世去世之后

威廉三世成为"英国国王兼荷兰执政"之后,英国和荷兰的关系变得缓和,而且经过这么多年的战争,两国的实力已经大不如前了,之前垄断的海洋贸易也被一些崛起的大国蚕食,这时候的荷兰再也没有精力和实力去争夺什么了。

荷兰进入第二次无执政时代

公元1702年,威廉三世因落马受伤而去世。由于他没有子嗣,英国王位由妻妹安妮继承;奥兰治亲王之位传给他15岁的族侄威廉·弗里索。以荷兰省为首的六省议会派借口弗里索并非威廉三世的直系血亲,发动政变,取消联省执政,国家领袖由安东尼·海因斯接替,荷兰自此进入"第二次无执政时代"。

两人共享"奥兰治亲王"的头衔

虽然在威廉三世的遗嘱中将奥兰治亲王之位传给弗里索,但这引起了他的表弟普鲁士国王腓特烈一世的不服。公元1702年,腓特烈一世自称继承了奥兰治亲王称号,与威廉·弗里索有了分歧,腓特烈一世派军占领奥兰治家族的亲王封地,并在公元1713年把封邑让给法王路易十四,使得威廉·弗里索丧失了奥兰治家族的亲王封地。

即使连奥兰治的亲王封地都没有了,威廉·弗里索与腓特烈一世的争议都没有停止过,直到公元1732年,威廉·弗里索之子威廉四世与普鲁士王位继承者、腓特烈一世的儿子腓特烈·威廉一世达成协议，威廉四世放弃索赔奥兰治封地的损失，两人共享"奥兰治亲王"的头衔。

威廉四世被拥立为荷兰的七省执政

威廉四世不甘心这样的结果，他一直在积蓄力量争取奥兰治派的支持，同时也在等待时机。终于在公元1747年，普鲁士王国与奥地利之间的王位继承战争爆发，在奥兰治家族势力的影响下，威廉四世被拥立为荷兰的七省执政，并规定他的子孙必须世代传承执政之位，以避免"无执政"现象再次出现。

美国独立战争奏响的霸权终结曲

自公元1688年威廉三世入主英国以后，荷兰与英国的关系还算融洽，一方面是由于荷兰此时已经没有了当初的辉煌，丧失了对英国贸易的优势，自然就会比较"克制"，再加上荷兰开始走中立路线，导致其陆海军的发展大受影响，没有军备自然腰骨不壮。

● 威廉四世

美国独立给荷兰带来无妄之灾

英国一直以来对殖民地进行剥削，严重阻碍了北美殖民地经济的发展，为了对抗英国的经济政策，公元1775年，北美十三州殖民地的革命者奋起抗争，爆发了著名的美国独立战争，作为中立者的荷兰本来只是观众席的一员，但是身为英国的盟友，英国希望借助荷兰军队前往美洲镇压革命，遭到荷兰的强烈反对。荷兰不帮忙也就罢了，荷兰商人尤其是阿姆斯特丹的商人，还不断出售军火给美国人，用来对付英国人，林林总总的积怨，使得英国对荷兰的做法大为不满。

英国和荷兰再次爆发战争，史称第四次英荷战争。

> 威廉四世的孙子威廉六世最终在公元1815年的维也纳会议中成为现今荷兰王室的开国始祖，称为威廉一世（和荷兰奥兰治王朝的开国执政威廉一世同样的称号）。

> 美国独立战争始于对抗英国的经济政策，但后来却因为法国、西班牙及荷兰加入战争对抗英国，而使战争的范围远远超过了英属北美之外。同时，许多印第安人在为双方打仗。

第十二章　暮日西斜，霸权不再

落日余晖的荷兰海军

曾经凭借海军立国的荷兰，如今国家实力一降再降。对荷兰有积怨的英国趁机对荷兰发动战争。荷兰政府闻讯，紧急抽调资金，下决心再次大规模建设海军。可是，荷兰海军此时已经没有充足的经费了，人员的工资太低了，海员和水手不愿意再为荷兰卖命。

公元1780年，第四次英荷战争爆发之后，英国海军在西印度群岛俘获了几艘荷兰船，时任荷兰海军指挥官安德里斯·哈辛克却无法调动荷兰海军还击，只得放弃指挥权。随即英国舰队又轻易封锁了北海，短短几星期之内，200名荷兰商人和价值1500万荷兰盾的货物被英国人俘获，此后，荷兰殖民地被英国海军肆意践踏。

◉ 美国独立战争时期陆军兵种 – 油画

美国独立战争

美国独立战争（1775—1783年），又称美国革命战争或美国革命。

15世纪末，西班牙开辟了去往美洲的新航线。在接下来的4个世纪中，西班牙人、葡萄牙人、荷兰人、法国人和英国人围绕着北美殖民地的归属和海上霸权展开了激烈的搏杀。至18世纪中叶，英国成为北美大部分土地的拥有者。

在1756—1763年的"七年战争"中，为争夺对北美殖民地的控制，英国与法国进行了长期的战争。英国虽然打败了法国，控制了北美大部分地区，但因长期的战争而导致财政困难。于是，英国政府不断向北美各殖民地增加税收，并实行高压政策，对殖民地进行蛮横的压榨和残酷的剥削，殖民地人民不满英国的盘剥和束缚，双方矛盾日益尖锐，最终导致战争爆发。

荷兰海军中将拒绝出兵

到了9月，荷兰与原本的敌人法国结盟，组织了一支荷法联合舰队，准备攻击英国舰队，但是荷兰海军中将拜兰德却以尚未准备好为由拒绝出兵。不仅如此，抗命的拜兰德还得到了其他舰队军官的支持，以至于荷兰政府不得不向法国表示无法一致行动。这次事件在荷兰国内引起了公众的愤怒，迫于舆论压力，荷兰政府对该事件进行了调查，而事件的处理最终不了了之。

落下帷幕：荷兰已经无复昔日的辉煌

随后，因为在世界各地的荷兰殖民地纷纷被英国收入囊中，为了不被英国完全吞噬，荷兰成为继法国之外第二个承认美国的国家，不仅如此，还与美国签订了友好的商业条约，于是荷、法、美组成了联盟。

如此之下，英国也不敢再动荷兰了。公元1783年9月3日，英美签署了《巴黎条约》，英国被迫承认美国独立。

◎ 指挥战争的华盛顿－油画

公元1781年2月，荷属西印度群岛中的圣尤斯特歇斯被英国完全摧毁，岛上的货物被全部缴获，所有的荷兰商人都被驱逐出境。英国人将这些战利品当场拍卖，收益颇丰。此后不久，在西印度群岛，荷兰仅剩下了背风安的列斯群岛和苏里南，其余全部被英国占领。

◎ 1781年前的圣尤斯特歇斯

○ 荷兰最强盛时期的狮子地图

第四次英荷战争就以这样的方式草草收场。

美国独立战争结束，英国失去北美十三州，可以说打垮了荷兰是对英国巨大的补偿，这增强了英国的国力。从此之后，荷兰经济开始严重衰败，如同骨牌效应越滚越大，此前一直是世界金融中心的阿姆斯特丹，战后被伦敦取代。

荷兰东印度公司也被战败影响，出现经济危机，最后在公元1799年宣布破产解散。

荷兰这个在17世纪叱咤风云的"海上马车夫"与殖民帝国，随着这场战争而崩溃衰落，成为欧洲强权轻视的对象。

公元1795年法国大革命后，拿破仑征服了荷兰，正式结束了荷兰的金融霸权，以及它最辉煌的殖民年代。

公元1813年，荷兰脱离拿破仑的统治再次独立。

但从此荷兰已经无复昔日的辉煌。

> 荷兰在18世纪的衰败归根于爱国心与进取心的丧失。荷兰人宁愿把200多年来累积的资本借贷给英、法等国的政府与企业，享受稳定丰厚的利息收入，也不愿重拾"海上马车夫"的进取精神，结果因为60多年的军备废弛，在1780—1784年的第四次英荷战争中被英国彻底打垮。